IN KYOTO

京都百年老舖

飲玉露、著和服、
啖金平糖、賞清水燒……
體驗經典50家老舖

作者｜柯珊珊

時報出版

作者序

由於父親十五歲前接受正統日本教育，從小家裡不時有他訪日買回與日本朋友贈送的禮盒，其中包含不少日本老舖的商品，加上自己工作常去日本出差，自然也買過不少老舖的招牌商品，老舖對我來說，始終是一個神秘的存在。

苦悶三年無法出國，等到解封後，對於去過幾十次的東京，卻不太有再前往的衝勁，覺得新事物其實永遠追不完，感覺膩了！由於近二十年以來撰寫日本主題書與擔任品牌諮詢顧問，本來就喜歡探討企業成功之道，於是決定來寫一本京都老舖書。

但老舖內涵豐富多元，即使我消費過不少，總不能只是看看官網與去逛一下就下筆。多少擔心老舖受到疫情影響，就算挺得過去，不見得願意把營運實情告訴一個不曾往來的外國人吧！但實在太好奇老舖的經營傳承之道，抱著大不了沒回音再放棄的初心，立刻去憧憬的許多老舖官網留下想採訪的事宜。然後就是等待，只要對方有回信，就立刻傳日文企劃案過去。

為了增添不同面向的京都老舖魅力，我先把京都有發展的不同產業歸納出來，再各選擇一兩個代表性的老舖品牌，如此自然增加了採訪難度，因為我必需消化不一樣的產業性質知識，但喜歡挑戰的我覺得更有意思。

要找到符合我的美學基準之百年以上老舖，除了原本消費過與聽過，其他就是參考幾本京都書籍與專刊，再檢索出來。標準上並非歷史久遠這一點就可以，不僅品牌在其產業裡要有數一數二的地位，商品陣容與細緻程度也要夠強才行。由於過去寫書曾採訪經歷過近百家東京一線品牌的洗禮，我對自己的眼光與美學有信心。

沒想到最初一週就有五家老舖答應接受採訪，其中二家甚至不看企劃案就同意，稱讚我寫日本書可以持續到第七本很難得，接著每隔兩三天就增加一家，有八家允諾後，準備了台灣的代表性甜點，我就出發了！

老實說採訪老舖需要天助，最後結緣了歷史一百多年至四百多年的十二家，其中七家由社長或夫人親自接待，可說收穫滿行囊。除了帶給我很多感動與喜悅，還學習到十二種產業相關知識與結識一流老舖品牌人士，真心感謝老天的安排。

返台後，卻覺得精挑細選但沒回音的其他二十幾間老舖，其實也很值得與讀者分享，於是決定以這十二家深度採訪攝影（含對方提供照片）的老舖為主結構，整體再延伸至五十家。也就是十二長篇文章，再搭配三十八短篇介紹，而創造出本書的模樣。重要的是這五十家老舖幾乎都有店舖，可讓讀者直接消費體驗。老舖可說是京都的商業主體，更創造了這美麗城市的深厚文化底蘊，相信此書對於想探索京都的人具有相當的參考價值。

有人說：京都在日本，真正的日本卻在京都，這種說法實在貼切。比如對西方人來說，西化的東京有很多歐美品牌進駐，他們不需要出國，還去逛自己國家就有的店，京都的傳統和風面貌才能代表正港的日本。為何京都這城市有那麼多百年以上老舖（其實東京也有不少老舖，但風格不太一樣）？覺得是地靈人傑，一件事做到極致的職人相當多之故。

即使有不少日本人抱怨京都人腹黑，說話習慣拐彎抹角、表裡不一，但我平常不太會人云亦云，親身接觸這些老舖後，並不認同這種觀點，覺得一流的京都人不會如此。深感京都人遠比喜歡追求表面光鮮亮麗的東京人重視本質多了！只要日文夠好，秉持真心誠意，並且具備對方認同的能力與禮儀分寸，就算初識，優雅京都人也很真誠，對我的深入挖掘幾乎都有問必答。當我有什麼不同看法，只要客氣明白溝通，得到的反應也幾乎沒讓我失望。

最後要感謝時報出版呂增娣副總編，由於在書店發現她用心編輯製作的書，進而聯絡結下緣分，加上設計師旻旻精心揮灑美學之下，讓此書洋溢古典優雅的京都氣質，一起創造出這本滿意的作品。

珊珊

2024. 7

輯1 絕妙滋味

茶與糕點

酒與料理

食材與調味料

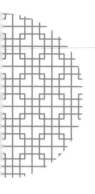

輯2 景仰傳統

輯3 極致工藝

輯4 美好本質

輯1

絕妙滋味

由於曾作爲千年首都，京都的百年老舖特別多，
這些老舖一代又一代守護著傳統之味，
一邊貫徹精益求精的極致精神，一邊專心研發。
無論是專一保持製茶之姿的一保堂，
在業界屹立了三百五十年之久的玉乃光酒造，
還是結合傳統與創新的和菓子殿堂鶴屋吉信，
抑或是日本唯一的金平糖老舖綠壽庵清水，
在社長的堅持與職人日復一日的努力下，
爲我們保留住這些傳承百年的絕妙滋味，
也爲京都形塑出一道永恆風景。

茶與糕點

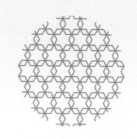

一保堂京都本店外觀帶著低調貴氣。

1

一保堂

秉持優雅貴族風格與專一理念傳承的茶葉王國

體質淺眠的我平常沒有喝茶習慣，偶爾品茗，只選擇比較溫潤的玉露與煎茶，諸多日本茶葉品牌中，我最肯定一保堂（IPPODO TEA）的真材實料。

會知道一保堂，緣於近十年前一位大阪朋友送我的一罐茶葉。記得當時拿到這份禮物，第一眼就驚豔其古典細緻的商品外包裝。多年來研究日本商界動態，加上頻繁出差赴日，除了工作上的採訪與撮合台日合作，消費體驗過的日本零售業與餐飲業品牌至少上千個，能讓我動心的包裝的確不少，一保堂就是其中佼佼者。

①東京店客層與京都本店不同。（一保堂提供）
②三百多年歷史的一保堂，在日本茶業界擁有貴族般地位。（一保堂提供）
③店內陳列一整牆的茶甕。

一保堂鋁製罐身上貼著一張黃底綠茶壺、包含幾種漢字與英文字體的標籤，帶著一種優雅內斂的設計功力，讓人瞬間感受到老舖的力量。忍不住興致勃勃轉開盒蓋，舀出適量茶葉，慢條斯理泡起茶來。

超過三百年的專注製茶精神

追溯日本最初的喝茶歷史，是在平安時代初期（西元八一五年），不過當時茶葉非常珍貴，只有貴族與僧侶階層才有資格飲用。大約經過一千多年的歲月推移，茶葉才慢慢普及到尋常百姓的日常生活中。

一保堂誕生於享保二年（西元一七一七年），最初的店名並不叫一保堂，而是由近江商人渡邊利兵衛創立的近江屋，販賣茶葉與陶器。江戶幕府末期，由皇室一族的山階宮賜予一保堂這個商號，蘊含的深意是「茶好喝，就專一保持製茶之姿」，目前傳承到

④毛筆字寫的商品價格表充滿老舖風格。
⑤一保堂茶罐標籤富設計功力。（一保堂提供）
⑥一保堂茶葉最大特色就是混合調配的功力高超。（一保堂提供）

第七代。

明治時代一保堂開始出口茶葉至美國，二〇一二年至二〇二二年還曾在紐約設立分店。三百多年來始終專注於製造與販賣茶，京都本店屹立於有名的寺町通已上百年，這條商店街兩旁種著大樹，與日本一般商店街的吵雜熱鬧不同，流露出完全不一樣的靜謐素雅氣質。

一保堂茶葉最大特色在於店家混合調配（BLEND）的功力高超，除了主要產地京都，還有來自奈良與滋賀等地區的茶葉，茶師們將不同種類的茶葉，依其甘、甜、苦、澀等天然滋味與香氣，予以不同百分比的調配揉合，配出一保堂獨一無二的商品味道，這種配茶技術是其他茶葉品牌無法模仿的，自然造就出一保堂在茶業界的獨特地位。

每一位到過一保堂京都本店的客人，一進

門，看到店內資深員工穿著宛如診所醫生的白色制服，馬上就能感受到老店處理茶葉謹慎細膩的態度，這份超過三百年的專注精神，正是品牌傳承發展的精髓。京都本店客人除了當地熟客，也包含海外與其他縣市的觀光客，幾乎都是久仰一保堂的名氣，專程上門者。

一保堂在東京丸之內地區也設有分店，不過客層以上班族為主，有些上門者甚至不知道這是間老舖，只因為被店舖雅致的陳設風格吸引，才進門消費。

專家開發出琳瑯滿目的茶葉商品

一保堂每年五、六月推出新茶，茶葉商品包括抹茶、玉露、煎茶、番茶四大類，也有玄米茶、麥茶、紅茶、焙茶等，每種茶各有不同客人喜愛。其中日本人平日最常喝的煎茶生產量最多，高達整體商品的百分之五十四；其次是老少咸宜的番茶，最具多樣性，包含滋味比較濃烈的焙茶、帶著米香的玄米茶，生產量約百分之三十一。

抹茶對台灣人來說，是去京都旅遊時必飲的茶品，但在日本，抹茶其實只在茶道與製作和菓子上使用，一般人並沒有拿來飲用的習慣，本來產量就不多，只佔百分之四，由於製造上花功夫，價格較高。以前曾懷疑過抹茶的鮮綠色是天然的嗎？實地來到一保堂參觀後，十分確定新鮮抹茶的確就是這種顏色。至於玉露，屬於珍藏等

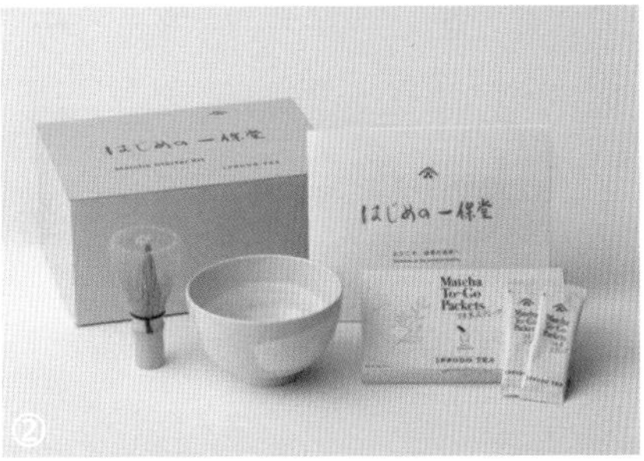

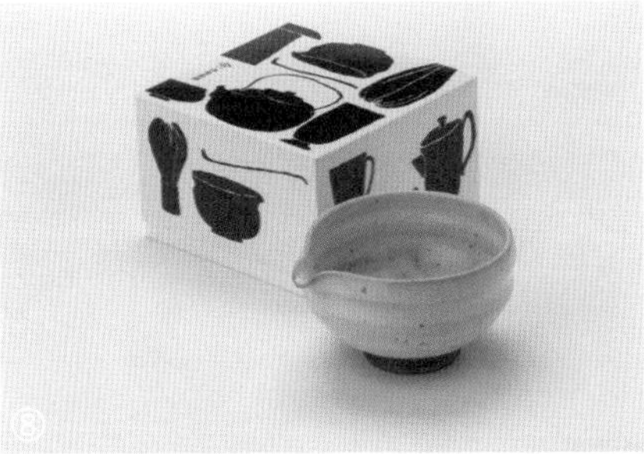

①有些人特別喜愛玄米茶與焙茶。　②這組商品適合入門者購買。
③雅致的白瓷茶壺杯組值得喝茶人士收藏。 ④有一保堂 LOGO 的玻璃壺是原創商品。
⑤高檔的玉露茶葉禮盒。⑥夏天喝茶，加上冰塊更好喝。⑦⑧片口陶碗有黑與灰白二色。
（以上照片為一保堂提供）

一保堂的茶美味耐喝。（一保堂提供）

級的極品茶，產量就更少了，只有百分之〇・七。

一保堂對於旗下茶品牌取名很文雅，以抹茶來說，從最濃厚到清淡的茶款，分別為雲門之昔、青雲、松韻之昔、吉祥之昔、明昔、蓬萊之昔、關之白、幾世之昔、若白、小川之綠、一葉之白與初昔等，價格也愈來愈便宜，從四十公克四千多日幣到二十公克一千日圓有找，茶客們可以依預算和口味需求，從中找到對應的茶款。

以玉露來說，從最濃厚到清淡的茶款為天下一、一保園、甘露、麟鳳、鶴齡、滴露與萬德等，售價也是愈來愈便宜，從九十公克一萬日圓以上，到五十公克一千日圓出頭。煎茶從最濃厚到清淡的茶款，分別為嘉木、薰風、芳泉、正池之尾、日月、雲露與松之綠等，價格也是層層下降，從一百五十五公克五千多日圓，到八十公克八百多日圓不等。客人依照自身需求量購買，小包裝喝完再買，最新鮮。

考量上班族生活忙碌，沒有餘裕慢慢泡茶，一保堂也推出方便的茶包，有玉露、煎茶、焙茶三種，從千圓以內十二小包，到三千多日圓三種組合的三十六小包，買回家只要按下熱水瓶沖入熱水，就可以好整以暇享受一盞好茶。

品茶才能保有「茶的時間」

一保堂除了直營的京都本店與東京店外，在全國眾多百貨公司與高級超市裡，也

一保堂舉辦品茗教室推廣如何喝茶。（一保堂提供）

開設了約一百五十個專櫃，其中十處由一保堂直營，這樣的版圖足以看出他們的超高人氣。喝茶對日本人來說，早已是日常生活裡不可或缺的習慣，儘管疫情期間不方便外出消費，常客們還是堅持每天非要有一保堂的茶在手，因此紛紛轉到官網購買，業績不降反升，算是另類的因禍得福，也是品牌效應充分發揮的結果。

一保堂除了茶葉這個主角，也販賣泡茶所需的相關道具，這些周邊器物豐富了品茗時光。包括茶壺、茶罐、茶杓、茶筅、茶篩、茶巾與玻璃壺杯等商品，在功能與設計上，都符合一保堂的講究基準，全是經過採購嚴選或原創製作而成。

這些茶具中，特別值得介紹的是最適合拿來喝抹茶的片口陶碗，有黑與灰白色，是特地委託製窯廠燒製的，一個近一萬五千日圓，連包裝盒也設計得非常典雅，讓人一看就想收藏。還有波佐見燒與清水燒的白瓷茶壺，也是委託製窯廠燒製，質地細緻、造型高雅，連同五個茶碗售價兩千兩百日圓；而土色的萬谷燒陶器茶壺外形看來質樸，卻耐人尋味，即使一個要價近一萬七千日圓，依然有人氣。

一保堂創業至今，始終沒有推出寶特瓶與鋁罐茶飲料，這點在業界實在太罕見，等同將容易入袋的大把鈔票往外推。殊不知他們做這個決定，其實另有深意。一保堂表示，他們不希望喝茶這件事，只有單純的解渴功能，他們更希望品茗者要擁有「茶的時間」，因為在生活中品味茶，可以讓心靈更豐富。正是這種基於愛茶而堅持的理念，造就了一保堂獨一無二的老舖地位與品牌價值。

本店二樓活動場地寬敞舒適。（一保堂提供）

創造新鮮感，讓老舖保持魅力

我觀察到台日不少茶葉品牌，都會逐漸走上偏離茶葉主體的定位，最常見的就是同時販賣甜點，多軌經營。趁這次拜訪一保堂之際，直接詢問老店為何沒有如此發展？公關經理表示那樣做的確比較容易生存，但這並非一保堂的經營理念，老舖不會只為了在短時間內增加營業額，隨意改變自身經營哲學。這種不受外界干擾的專心一意精神，只研究發展茶到極致境界，使一保堂成為一等一的茶葉專家，宛如一位堅持自身品味與信念的貴族，實在非常帥氣。

一保堂念茲在茲都是愛茶，為了讓大眾更懂得享受茶的美好，從十五年前開始，店內開始舉辦品茗教室，一次二十人，進行七十五分鐘，費用約四千多日圓。品茗課程上規劃有一系列茶的專業教授，首先講解茶的種類，再說明泡茶的重點，配合不同季節實際體驗不同的茶葉飲用方式，以及如何搭配不一樣的和菓子，最後還會說明茶葉的保存方法。有時候一保堂也會邀請知名主廚舉辦餐會，收費兩萬日圓，讓人親身體會茶與美食之間的親密關係。

身為三百多年的老舖，一保堂在商品與服務上總是配合時代潮流，考慮客人需求不斷推陳出新，創造新鮮感正是老舖保持魅力不可欠缺的策略。像幾年前他們推出經過JAS認證的有機茶，提供包括抹茶、煎茶、玄米茶、焙茶等有機選擇；還有較少見的滴茶（DRIP）品飲方式，像冰滴咖啡一樣讓熱水慢慢滴出茶葉中的美妙滋味，

①一保堂主動出擊在關西地區推出小車服務，移動販賣約十種茶。（一保堂提供）
②一保堂招牌會繼續發光發熱下去。
③逛本店可順便買個帆布袋。
④滴茶茶包讓熱水慢慢滴出茶葉美味。（一保堂提供）

這兩種茶款讓小眾顧客也得到滿足。

自二〇二二年三月開始，他們實行移動販賣，每個月派出可愛白色專車在關西地區巡迴幾次，常出現在音樂祭與地方市集，主動出擊的方式，讓人感受到一保堂的平易近人，這項貼心服務自然大獲好評。

一保堂對於傳承始終不懈怠，在喜愛它的顧客生活裡扮演著重要角色，這家老舖就像一個豐富多元的茶業王國，有其不變的堅持與理想，也有順應市場的變貌與創舉，相信未來只會展現出更迷人的風貌。

本店

| 電話 | 075-211-4018
| 地址 | 京都市中京區寺町通二条上ル常盤木町 52
| 時間 | 10:00 ～ 17:00（每月第二個週三休）
| 網址 | https://www.ippodo-tea.co.jp/

茶園小常識

採訪了一保堂，才知道原來茶園分為露天園與覆下園，兩者生產量比例為九比一。其中煎茶與番茶屬於露天園茶種，靠日曬才能讓清爽香味與文雅甘澀達到美好平衡。而抹茶與玉露屬於覆下園茶種，在採摘以前需要蓋上篷布約二十天，這是為了抑制日曬所產生的澀味，才能製作出特有的溫潤口感。

以上四種茶葉在製作過程中都需要蒸這個步驟，主要是為了防止酵素的酸化作用，如此才能保持茶葉中的翠綠，之後再予以乾燥程序，製成茶葉。

露天園種的煎茶與番茶要靠日曬，才能讓香味與甘澀達到平衡。（一保堂提供）

覆下園可抑制日曬產生澀味，製造出抹茶與玉露特有的溫潤口感。（一保堂提供）

鶴屋吉信本店外觀。（鶴屋吉信提供）

2

鶴屋吉信

結合傳統與創新的和菓子殿堂

一個國家有哪些產業發達，反映出其民族性的特長，從日本各地可見眾多和洋甜點屋，可以窺見吃甜食已然成為日本人的生活習慣，他們發展的甜點文化更已臻極致境界。日本人雖然追求來自法國、義大利的舶來美味，但他們對於傳統和菓子的維護亦不遺餘力。

至今品嚐過日本不少和風甜點，私心喜歡和景仰的品牌有好幾個，發源於京都的鶴屋吉信（TSURUYA YOSHINOBU）就是其中一個。初識是近十年前在其東京分店買過一款柚子造型包裝的淺綠小塊麻糬，帶著柚香的微甜口感，一吃就很喜歡，也對這家老舖感到好奇，如今終於有機會一探堂奧。

①筆者近十年前由於這款柚子造型包裝的麻糬，而認識鶴屋吉信。
②本店二樓菓遊茶屋可欣賞職人實演。（鶴屋吉信提供）
③昭和天皇曾購買鶴屋吉信的柚餅。（鶴屋吉信提供）

兩百多年歷史奠基於良好家訓與理念

鶴屋吉信於享和三年（西元一八〇三年）由鶴屋伊兵衛創立，當時店名為鶴屋。明治時代再加上代表吉利的「吉」與生意人最重要的「信」這兩字，從此寶號定為鶴屋吉信。

京都本店最初設在距離現址不遠的北邊數十公尺處，二戰時被政府強制撤離，古建築物也被迫拆除，戰後恢復營業，歷經幾次改建，最後搬至上京區的現址。於一九九二年建造了現今這家本舖，古典大氣的模樣，從建築物外觀到內部裝潢，都能看出鶴屋吉信累積兩百多年歷史的深厚底蘊。可貴的是，從創業至今鶴屋吉信一直堅守家訓經營，包括秉持顧客第一信念努力家業、不惜材料與下功夫製作好產品、不忘創意與進取精神、把生意做到業界第一且謹慎學習，以及為世人盡力等。

老店目前傳承到第七代社長稻田慎一郎，鶴屋吉信為符合時代需求，也將其經營理念調整為五大重點：製作好菓子、培育好公司風格、傳達給顧客好印象、創造好職場與成為對社會有貢獻的好企業等。二〇二三年再加入MVV三理念，也就是將京菓子文化廣傳給後世的使命（MISSION）、創造更廣泛年齡層的和菓子市場之願景（VISION）與不惜材料、工夫製作好商品的價值（VALUE）。

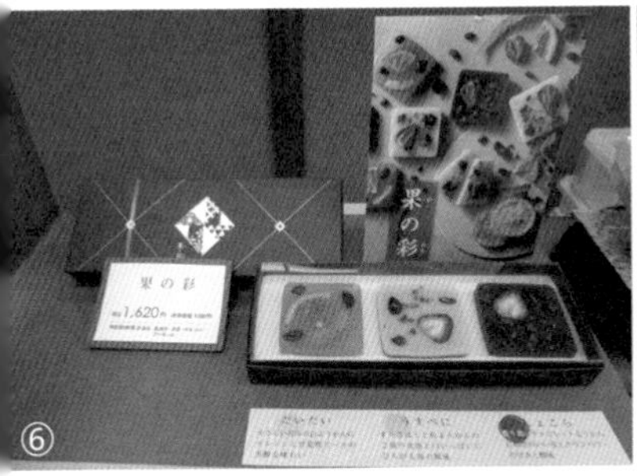

④抹茶布丁也很可口。
⑤御所冰室嚐來像涼糕。
⑥果之彩有三種口味。

融合京都傳統與四季風情創造和菓子面貌

京都大約有六百間大小和菓子店，很多都位於神社寺廟附近，像鶴屋吉信京都本店附近就有北野天滿宮、晴明神社與白峯神宮，因為和菓子與季節、祭神儀式有密切關係，參拜的客人都會順道去店裡買和菓子供奉神明。

很多人好奇京都和菓子與日本其他城市的和菓子有什麼不同？這一點從地理位置和文化傳承來剖析，就可以爬梳出京菓子與眾不同的發展理路。京都曾貴為首都，和菓子是上獻給皇宮貴族、寺社佛閣與茶道宗家使用的珍品，使得和菓子的製作水準與需求一直很高。尤其京都自古以來茶道文化極為興盛，因應出需要展現四季風情的和菓子，無形中不但磨練了製作技術，也提供了深耕美學的機會。

京都和菓子格外重視與茶的搭配和諧度，不過份凸顯的風味、從外觀即開始鑑賞的季節感，再加上實際品嚐的細膩口感，整體綜合構築成京菓子的獨特內涵與魅力。和菓子實在可視為京都人美學極致講究的一種「道」，不僅重視意境，其所蘊含的精神乃一門高深學問，絕不只是幾口吃下去如此簡單而已。

日本四季分明，每個季節的景觀變化豐富精彩，春櫻、夏綠、秋楓、冬雪，

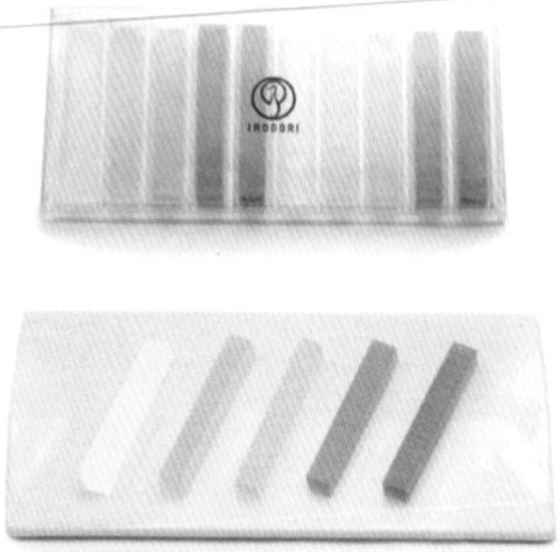

有五種口味的棒狀琥珀糖屬於干菓子。
（鶴屋吉信提供）

TSUBARATSUBARA 口感像銅鑼燒。
（鶴屋吉信提供）

各有不同情趣，向來是日本人歌頌大自然的時節重點，大家在團聚賞景之餘，總不忘品嚐攜帶方便的美味和菓子。針對四季來表現商品主題，是鶴屋吉信的重頭戲，春天有雛祭、白色情人節、櫻菓子、母親節等；夏天有七夕、五山送火（每年八月十六日京都有五座山各自點上不同字型的火以讓人朝聖）、京都最重要的祇園祭等；秋天有月見（賞月）、紅葉菓子、栗菓子、敬老日等；冬天有正月過年、和式情人節等，喜愛鶴屋吉信商品的人一整年都有上門的好理由。

為了吸引客人長年持續消費，鶴屋吉信除了秉持活用京都素材、送禮方便外，也經常推出經典組合商品，並且不時有新品問世。他們的長銷商品包括京觀世、TSUBARATSUBARA、本蕨（以上為最暢銷前三名）、柚餅、工藝菓、琥珀糖等，可單一（價格從兩百多至一千多日圓）與整盒購買。如果打算送禮，也有多種商品組合的體面禮盒，價格從兩千多日圓至五千多日圓，相信收到的人會很開心。

除了各種既定的禮盒，鶴屋吉信也能配合顧客預算，訂做獨一無二的和菓子，作為結婚、升官、生日等特殊節慶的贈禮，不僅將職人的靈活技巧發揮得淋漓盡致，也充分滿足消費者想要與眾不同的需求。

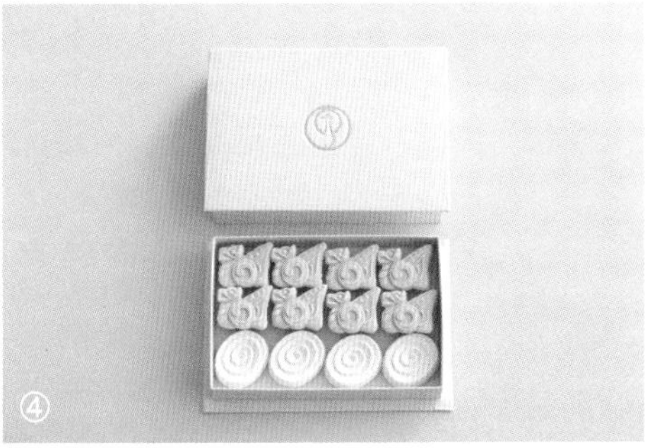

①木木之露甜湯有三種口味。
②京觀世主體是紅豆、外圈口感像蛋糕，是最暢銷商品第一名。
③本蕨有紅豆與抹茶口味，嚐來柔軟綿密，冷藏更好吃。
④每年會依照生肖推出造型干菓子。
⑤柚餅長年不敗。
⑥工藝菓羊羹像藝術品。
（以上照片為鶴屋吉信提供）

本店旁通道也很美。

本店二樓中庭造景雅致。

六家直營店各有不同特色

鶴屋吉信旗下有六家直營店舖，不同分店各有特色，在全國其他縣市的百貨公司、商場與車站內還設有五十四個分店（半數配置鶴屋吉信員工，半數只提供商品，由對方自行雇用員工），可看出鶴屋吉信的人氣。京都本店販賣鶴屋吉信最齊全的各式和菓子，是常客最愛的源頭老店，也有很多海外觀光客特地來購買。設置於二樓的菓遊茶屋，在特定時段能欣賞到職人實演（詳情請見文末 BOX），有興趣的人不要錯過。

本店二樓也設有和室。

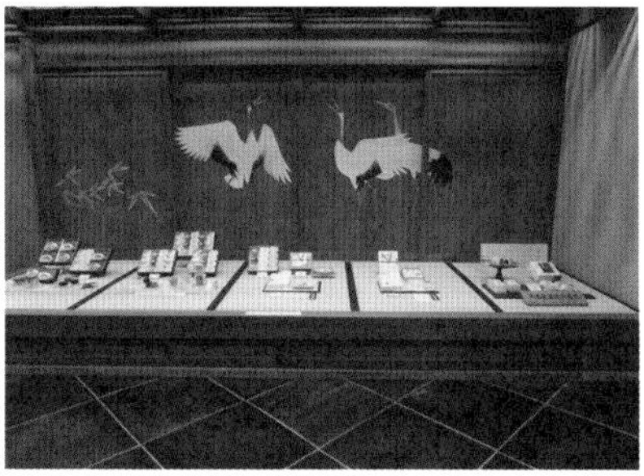

本店內丹頂鶴的古典裝潢。

設於本店旁邊的 tubara cafe。

tubara cafe 空間舒適。（鶴屋吉信提供）

tubara cafe 位於本店旁邊，明亮裝潢充滿現代感，在此可享用幾種甜點，以及茶、咖啡、可可與果汁（梅與柚），也可以外帶。而 FACTORY 開設於較遠的龜岡市工廠內，客人以當地人為主。

堅持傳統之餘，鶴屋吉信也懂得注入時代新元素，開創出嶄新的面貌。二〇一五年於京都車站八条口附近開設 IRODORI（日文彩色之意），可說是革新進化的店型，空間設計洋溢明亮現代感，以黑白色為基調的裝潢風格，帶著一種冷冽氣氛，販賣多彩的新風貌甜點，推出商品如琥珀糖、有平糖、果實羊羹與四種餡最中（薄餅包紅豆餡），讓人對鶴屋吉信的自主突破感到驚喜。

鶴屋吉信對自身商品與經營能力深具信心，在甜點競爭激烈的東京也開設兩家分店，第一間是二〇一四年日本橋 TOKYO MISE，洗鍊的空間裡規劃了賣場與和風 CAFE，京都本店的實演也移植到此，是東京甜點界唯一的嘗試。二〇二〇年六月於新開發城鎮虎之門 HILLS 開第二間店，概念結合鶴屋吉信與IRODORI，因應時代潮流的店內，懸掛著馬茨．古斯塔夫森（MATS GUSTAFSON）畫的兩隻鶴，象徵傳統與革新的融合，也顯示鶴屋吉信的持續進化。

職人功力撐起和菓子老舖底蘊

職人的巧手奠定了鶴屋吉信和菓子的美味，目前公司旗下約有八十位師傅，從十幾歲到六十幾歲不等。要擁有獨當一面的能力，至少需要十年以上的磨練。資歷三、四十年的職人，投注一生精力在如同國粹的和菓子上，用心鑽研累積出高超技術，能夠穿越時代的層層考驗，傳達給客人的這些和菓子結晶，就像淬鍊多時的藝術品般完美，並且都有飽富詩意的名字。

往昔新手想要學習技藝，多半要跟在職人背後默默看著學。鶴屋吉信為了培育職人，近四十年來，每年招募甜點專門學校畢業生，並且在工廠內規劃輪流體驗各種菓子製作技藝的機制，同時還會定期舉辦和菓子製作比賽，並展開品評會，以及讓職人參

IRODORI 裝潢以黑白為基調。（鶴屋吉信提供）

加新菓子創意研討會等，積極提供職人一個充滿創造性的工作環境，重視新血的用心程度可見一斑。

為了精進和菓子的口味與造型，多年前鶴屋吉信特別設立了一個企劃室，裡面聘有美術科系畢業生，他們思考花鳥風月的意象、創新和菓子的造型與新包裝，就像一個創意心臟，提供源源不絕的靈感。成員們用心擷取網路與SNS（社會性網路服務）等訊息、調查當下流行的和洋甜點與食物，並實際前往各種店鋪考察品嚐，廣泛收集資料後，再考量如何配合顧客需求，製作出令人耳目一新的糕點。

由於職人最了解原料特性，企劃室想出點子，但造型是否可行？還有哪些口味能吸引消費者，過程中企劃人員都要與職人不斷切磋討論，同時也會請職人提出他們的創意，共同試作；而生菓子（注①）的設計，則幾乎都委託資深職人發想。

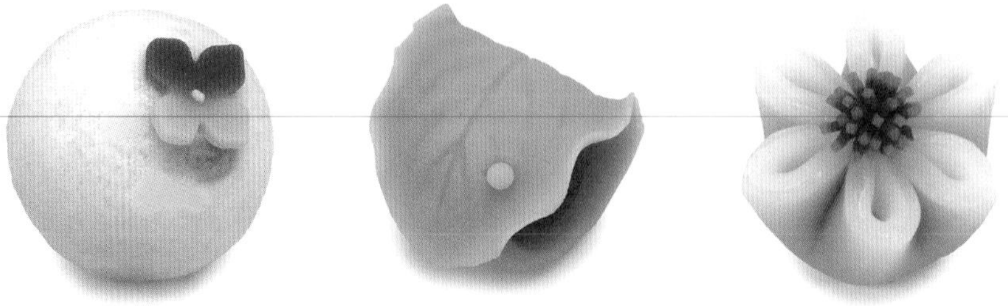

生菓子造型優美，反映四季風情。

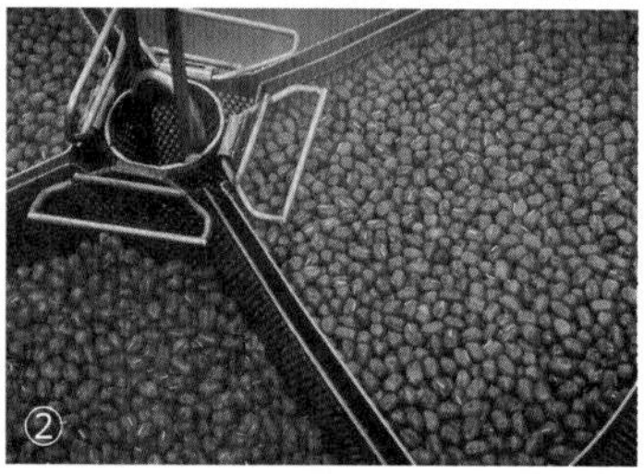

①夏天除了抹茶紅豆冰，黑蜜黃豆粉白玉（湯圓）冰也有人氣。
②紅豆是和菓子最常用的食材。
（本頁照片為鶴屋吉信提供）

注① 和菓子按照所含的水分做分類，含水量在 30% 以上叫生菓子，保存期限較短，但口感柔美軟潤；含水量在 10% 以下叫干菓子，仙貝就屬於這一類；而水分介於 10~30% 的是半生菓子，如大家最熟悉的最中。

異業結盟創造新客群

鶴屋吉信和菓子品質優、人氣高，常常吸引企業訂購特製甜點獨家使用，比如為西日本觀光寢台列車瑞風（TWILIGHT EXPRESS）車內茶室特製的生菓子、為京都嵐山高級飯店翠嵐提供客房迎賓甜點的燒菓子與下午茶，以及個人經營的旅館、民宿送給旅客的琥珀糖等。

為了開拓新客層，鶴屋吉信不吝放下老舖身段，二〇一九年曾經主動找遊戲業者星之KIRBY合作，翌年推出春秋兩季限定的聯名商品最中（薄餅包紅豆餡，但春季有櫻花白豆、秋季有栗子紅豆）甜點；也曾與寶可夢（POCKET MONSTER）公司合作，推出小倉（紅豆）、抹茶與白小豆三種口味的羊羹聯名商品，兩者都大受年輕族群歡迎，上市沒多久商品就售罄。二〇二三年十月再與紐約知名時尚品牌ANNA SUI合作推出的小倉、抹茶與檸檬三種口味羊羹組，裝在鶴結合玫瑰圖案的鐵盒內，相當別致，也極受歡迎。

鶴屋吉信堪稱京都精緻傳統和菓子代表，擁有厚實的技藝基底，又懂得不斷配合時代趨勢求新求變，相信未來一定還會構思出更多新創意，持續為客人帶來驚喜，讓我們拭目以待。

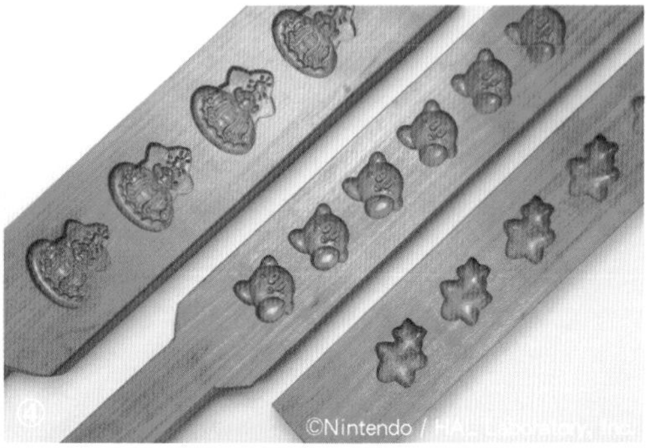

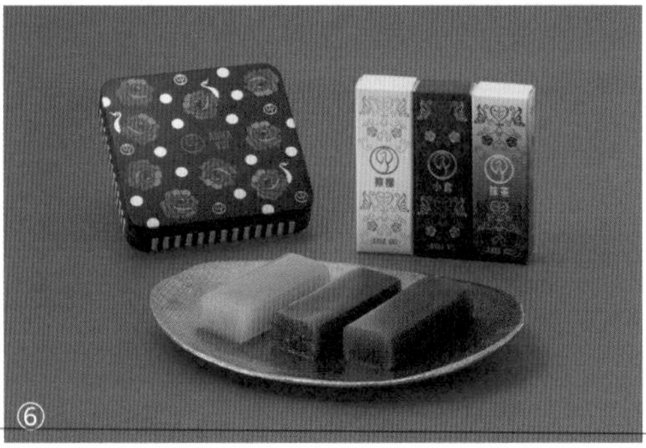

①與 KIRBY 合作推出的春季聯名商品最中，包含櫻花白豆餡。
②與 KIRBY 合作推出的秋季聯名商品最中，包含栗子紅豆餡。
③與 KIRBY 聯名商品還有干菓子。
④鶴屋吉信特地為干菓子訂製模型。
⑤皮卡丘聯名商品是三種口味的羊羹組合。
⑥ ANNA SUI 聯名商品羊羹。
（本頁照片為鶴屋吉信提供）

本店

| 電話 | 075-441-0105
| 地址 | 京都市上京區今出川通堀川西入る
| 時間 | 9:00 ～ 18:00 ／ 2F 菓遊茶屋 10:00 ～ 17:30（元旦 & 每週三休）
| 網址 | https://www.tsuruyayoshinobu.jp/

和菓子實演

TOKYO MISE 菓遊茶屋也有職人生菓子實演。（鶴屋吉信提供）

鶴屋吉信為了傳達和菓子文化，京都本店二樓的菓遊茶屋特別安排職人實演，也就是能夠實際觀賞製作和菓子（不同季節會變更項目，客人從二種選一）的演出。有客人預約的話，每天於上午十點至下午五點之間安排二十五至七十次，每次進行五分鐘，如果客人拍照或與職人說話，時間會稍微延長些，實演結束之後即可現場享用。

東京日本橋 TOKYO MISE 分店也有這樣的實演，和菓子安排三、四種選一，平日每天約五十次，週六日與假日甚至多達百次，可見極受歡迎。兩店推出的生菓子與抹茶加觀賞實演費用約一千六百五十日圓，無觀賞實演一千四百三十日圓（以上皆含稅）。

公關在本店門口向客人行最恭敬的 90 度鞠躬。

3

綠壽庵清水

日本唯一的金平糖精品老舖

如果說巧克力是西方甜點的代表之作，金平糖就可以稱之為日本的糖果代表。這種曾在日本紅極一時的傳統糖果，近年來隨著日本人的飲食愈來愈西化，來自西方的巧克力與糖果紛至沓來，進入日常生活中之後，金平糖逐漸被大眾忽略。

幸好世上就是有一些與眾不同的理想主義者，綠壽庵清水（RYOKUJUAN SHIMIZU）正是箇中代表，一百多年來，孜孜不倦堅持製作金平糖，也創造出老舖獨一無二的面貌。

金平糖是代表日本的糖果。

來自葡萄牙的獨傳絕活

金平糖原產自葡萄牙，原文叫作CONFEITO，一五四六年已經可以在日本找到它的文獻資料，織田信長曾被傳教士贈與金平糖，對其形狀與滋味感到驚艷。當時它屬於珍貴食品，只有官員與高級武士才有機會品嚐，沒有人知道製作方法，後來在長崎有人開始嘗試製作，而後才流傳到京都與江戶。

綠壽庵清水第一代創始人清水仙吉好奇心強烈，他注意到這一款袖珍可愛的糖果粒，想方設法拚命自行鑽研，於弘化四年（西元一八四七年）開始投入製作；第二代清水庄太郎構思出如今大鍋量產的方式；第三代清水勇身處二戰時期，在戰地吃到配給的乾麵包與金平糖時，發覺是自家生產的東西，忍不住流下思鄉之淚，好在戰後他平安歸來，把一生奉獻給了金平糖。

第四代清水誠一大膽思考以砂糖之外的原料製作，提出構想之初被上一代認為走偏而反對，直到父親品嚐之後，覺得客人吃了會開心而終獲認同；至今已傳承到第五代清水

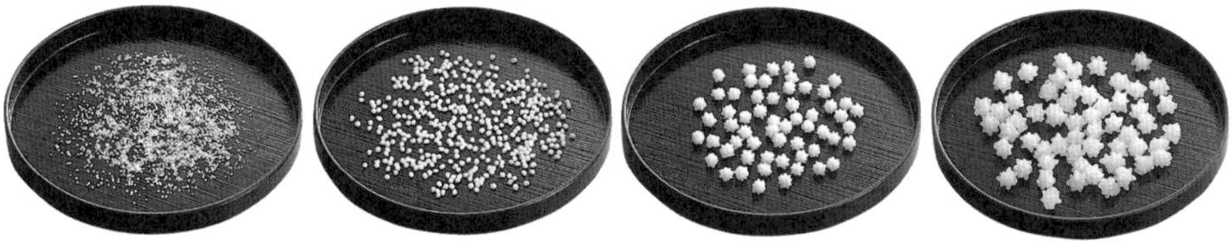
金平糖製作過程的顆粒變化。（綠壽庵清水提供）

社長與會長辛苦製作金平糖的模樣。（綠壽庵清水提供）

泰博，把金平糖發揚光大到令人佩服的境界，五代人共同撐起綠壽庵清水這塊老舖招牌。

綠壽庵清水金平糖標榜「本物之味道、色澤、形狀」，小小一顆糖果，圓球狀表面有無數突起小點，背後卻蘊含大學問。製作時除了必須因應每天不同的氣候與溫度，觀察糖漿濃度，還要注意身體面對大鍋的角度，雙手拿著特製長工具在熱鍋裡不斷攪拌，製造過程中還要細聽鍋內滾動的聲音，整體來說是職人運用五感才得以形成的結晶。

當我聽公關說明做法之後，立刻體會到製作金平糖是一件非常辛苦的差事，特別是炎炎酷暑，必須整天埋首於沒有冷氣的廠房內，在直徑約兩公尺的大鍋旁，不斷以手工攪拌直至完成，如此從早到晚，整整二十天才能製做成糖果，光想像已感到滿頭大汗。投入金平糖的製程的職人，無疑需要無比的耐性與毅力。加上綠壽庵清水是一子相傳的老舖，從初學到技術純熟約需要二十年功夫，不只每一代社長夫人有生兒子的壓力，傳承這項獨門絕活更是至高無上的使命。

不斷開發新口味的積極精神

綠壽庵清水金平糖最讓我驚艷的一點是口味超級多，總共有近百種。除了女性喜歡的水果口味，如水蜜桃、葡萄、柚子、哈密瓜、梨、香蕉、鳳梨、藍莓、櫻桃、柑橘、芒果、西瓜、荔枝、番茄、檸檬、梅子、椰子等，還有很多香料食材口味，如紫蘇、生薑、山椒、肉桂、優格、大豆、紅豆、丹波黑豆、納豆、栗子、地瓜、南瓜、燒酒、櫻花、玉露茶等，可說是色彩繽紛，應有盡有。

公關透露開發新口味大約需要兩年時間去掌握素材特性，由於主要原料砂糖裡加上其他素材，酸度、油脂與鹽分都會改變，很可能會不易凝固，開發過程就像一場又一場的連續實驗。眾多水果中唯有柿子至今嘗試多次，卻始終無法製作成功，應該是成分較特殊的關係，這樣的具體實驗，雖不成功也可說是一個有意思的插曲。

持續不斷嘗試開發新口味，最難的是無前人經驗可供學習，只能靠自身摸索、克服困難，這種不畏懼失敗的積極精神令人敬佩。而且長年保持推出季節限定商品的步調，幾乎每個月都有對應節慶的商品問世，讓常客能夠一直擁有新鮮感。

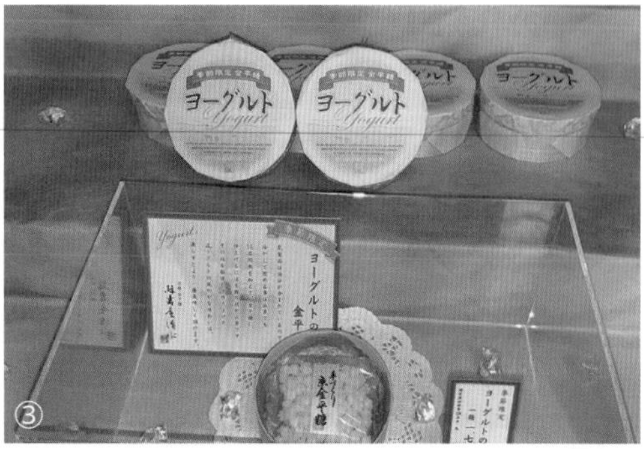

①七月才有的西瓜口味金平糖。（綠壽庵清水提供）
②柚與芋口味金平糖要十月才買得到。（綠壽庵清水提供）
③限定在六月販賣的優格口味金平糖。
④很多水果口味的金平糖可單包購買。

消費者上綠壽庵清水買金平糖，可花六百四十八日圓購買單包嚐鮮，也有三、六、八與十包的組合，可自由挑選喜歡的口味裝入紙盒，自用送禮兩相宜。今日入寶山當然要買來品嚐看看，選購了鳳梨與紫蘇口味，把糖果送入口那一剎那，只覺得味道純粹，口感溫潤，絕非一般加糖精的廉價糖果可以比擬。

精緻包裝與時節限定的精品式行銷

綠壽庵清水深諳包裝之道，除了較常見的紙盒、竹簍，還特別訂製玻璃罐、銀器、瓷器、桐木等不同材質的禮盒，把原本平凡的金平糖打造成精品一般，這種行銷手法非常奏效。不但大大提高商品價格，在季節、慶典與數量限定的條件下，更刺激顧客前來搶購，在具有送禮文化的日本社會，金平糖變成一種高檔的禮品選擇。

①銀製盒金平糖高達十一萬日圓，是皇室御用的贈禮。
②鳳凰圖案的瓷盒金平糖定價近五萬日圓。
③盛裝在三層雅致瓷器的「上煌」金平糖充滿高級感。
④「菓懷石」十種口味金平糖裝在竹盒陶器裡，洋溢和風雅趣。
⑤稱為三段重的木盒金平糖有種質樸美。
⑥竹籃金平糖分為十包、五十包與八十包入三種。
（本頁照片為綠壽庵清水提供）

以銀器包裝的多色金平糖為例，一盒高達十一萬日圓，是皇室御用的贈禮，這等價位實在超乎尋常人的想像。高級圓形瓷器包裝金平糖有鳳凰圖案，要價近五萬日圓、百合圖案近四萬日圓，會購買這樣高價的糖果，不是熱愛綠壽庵清水的常客，就是贈禮對象是重要的貴客。另外三款非常優雅美麗的包裝，還包括三層瓷器抽屜的上煌售價兩萬三千多日圓、附蓋雙層竹盒陶器的菓懷石一萬多日圓與訂價六千八百多日圓的三段木箱。

此外，還有裝在竹籃內的金平糖，分為：十入（包）、五十入與八十入，售價從九千日圓到五萬五千日圓不等，適合送給喜歡吃糖果的人當作生日禮物，或開同學會跟眾人分享。

①一看乳牛造型包裝，就知道是牛奶口味。
②七月中元節才販賣的柚子酒口味金平糖。
（本頁照片為綠壽庵清水提供）

店裡也有比較親民的禮盒選擇，如Estrela（星星的葡萄牙語）特撰金平糖圓鐵盒系列，共有濃茶、焙茶、紅茶與咖啡四種口味，一至三盒的價格從一千五百日圓到近五千日圓不等，喜歡茶與咖啡的人千萬不要錯過。還有祝賀生產的金平糖（含草莓與汽水）、組合蕎麥子黑糖與黑芝麻的粹黑金平糖、乳牛造型紙盒的牛奶口味金平糖，以及繪馬造型紙盒的祈願成就金平糖（含草莓與香草），價格帶落在一千至三千日圓之間，很具有發想力。

有關時節限定商品，會推出像情人節的巧克力金平糖、白色情人節的焦糖金平糖、母親節巾著（束口袋）三種組合金平糖、五月父親節（日本父親節不是八月八日）推出白葡萄酒與白蘭地金平糖、七月中元節的柚子酒金平糖、萬聖節紫（葡萄）橘（蜜柑）組合金平糖、十一月歲末的日本酒金平糖、十二月耶誕節的紅酒金平糖與賀年的寶來豆（大豆裹上紅白色）金平糖等，綠壽庵清水的巧思，讓人不禁拍案叫絕。

很有吉祥意象的是每年一月會推出不同干支的紅白金平糖，瓷器包裝盒蓋上有生肖的凸起圖案，一盒三千三百日圓。如果剛好是自己或親朋好友的生肖，非常適合買來做紀念，金平糖吃完後，美麗的容器也很值得珍藏。

④

⑤

⑥

①最適合嗜甜者的黑糖與芝麻口味金平糖。
②巧克力與焦糖口味金平糖。
③祈願成就金平糖包裝為繪馬造型紙盒。
④祝賀生產金平糖的包裝柔美。
（綠壽庵清水提供）
⑤想吃白酒口味金平糖，五月再去購買。
（綠壽庵清水提供）
⑥每年推出的生肖瓷盒金平糖限量販賣。
（綠壽庵清水提供）

①

②

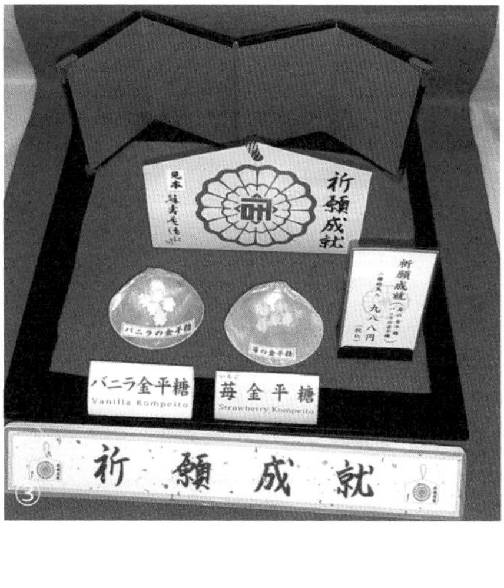

③

①銀座店裝潢設計為白色調的現代感風格。②銀座店才有的愛媛縣柑橘口味金平糖。
③銀座店商品以白色方形紙盒包裝。（本頁照片為綠壽庵清水提供）

得獎常勝軍到東京展店

在京都，綠壽庵清水除了本店外，在祇園也有門市。二〇一七年更毅然往東京發展，於銀座開設分店，白色調的現代感設計風格與古典的京都本店完全不同，展現出綠壽庵清水的革新進化決心以及傳承金平糖的精神。即使後來發生疫情，也順利撐過去。

銀座店的商品口味與包裝，都特別與京都兩店區隔開來，京都本店有六十多種口味，銀座店有三十種，兩店的口味完全沒有重複。像銀座店有一款用愛媛縣產的柑橘製作的果實糖，一日限量十盒，總是很快就搶購一空。值得一提的是銀座店的商品特地以白色方形紙盒包裝，呈現出一種摩登感，與京都本店典雅的商品風格截然不同。

有關季節限定商品部分，如春季販賣的三種口味金平糖，都以圓形瓷器包裝，包含桃紅綴金紋的「花雅」、紫色綴金紋的「葵之上」，與四色瓷的「毬菓」金平糖；夏季推出「輝夜」五種口味金平糖、流星菓梅紫蘇柚子金平糖；秋季上場的是「Silver Star」葡萄桃子金平糖；冬季問世「STAR TREE」六色金平糖、「WHITE NOEL」草莓蘋果金平糖等，以及在喜慶時品嚐的「寶來豆」金平糖，全都是精品行銷的代表性逸品。另外京都本店與銀座店也會販賣彼此店舖的代表性商品，滿足兩地客人不同的需求。

由於手工製造，綠壽庵清水的金平糖產量已難以再增加，在供不應求的情況下，並不打算開放網路購物，只能直接去店裡購買。但過去曾發生客人把購買到的綠壽庵清水金平糖，放到網路上以高價販售，造成本店很大的困擾，他們不但已經跟法律專家研討對策，同時也希望客人能夠尊重老舖的堅持。

綠壽庵清水的金平糖不只受到一般大眾喜愛，還曾榮獲帝國製菓博覽會、全國菓子大博覽會榮譽大賞、厚生勞動大臣賞等獎項，也曾被皇室選作餽贈給貴客的禮物，這些閃亮榮耀肯定了綠壽庵清水的存在價值。每一代傳人始終把製作金平糖當作天職，未來他們還希望能把金平糖銷售到歐洲，相信一直持續進化的綠壽庵清水，會有實現願望的一天。

①綠壽庵清水榮獲不少獎牌。
②③綠壽庵清水獲得的獎狀。
④紫色綴金紋瓷盒的「葵之上」金平糖含三種口味。（綠壽庵清水提供）

本店

| 電話 | 075-771-0755
| 地址 | 京都市左京區吉田泉殿町 38 番地 -2
| 時間 | 10:00 ～ 17:00（週三休）
| 網址 | http://www.konpeito.co.jp/

4

上林春松本店

和洋折衷的一流茶舖

日本有許多茶品牌，京都更是茶老舖的集中聖地，這些老舖歷史至少一百多年，規模有大有小，每家都各具自身特色，而上林春松（KANBAYASHI SHUNSHO）已經營了四百五十年，傳承到第十五代，內涵令人感到神奇。

創立於永祿年間（西元一五六〇年左右）的上林春松，最大特色是有專業茶師製作各種銘茶，仔細把關每個步驟環節，品質擁有保證信譽。本店以黑與紫色為基調，販賣抹茶、玉露、煎茶、玄米茶、焙茶、京番茶、粉茶等多種茶款，有大小包裝，自用送禮兩相宜，全國也有六十幾家茶行與相關店舖販賣上林春松的商品，可見相當有人氣。

上林春松本店鞏固傳統有成，同時也懂得配合時代需求，踏出嶄新步伐。二〇〇七年與可口可樂公司合作，推出綾鷹寶特瓶茶商品，很受歡迎。近年在 **AKAGANE RESORT** 京都東山 **1925** 餐廳一樓開設了洋風的 Salon de KANBAYASHI，鄭重推薦五段重（和風五層漆器盒）下午茶，價格四千八百日圓，包含甜鹹點心各幾款，賞心悅目又美味可口。

為了傳承歷史，上林春松在本店特別成立一間紀念館，保存上林家族在宇治發展茶業的珍貴史料，還展示往昔招牌、茶壺與先祖上林竹庵之坐姿像，有興趣的人別錯過參觀。

上林春松本店底蘊深厚，由於作風低調不太常被媒體吹捧報導，不過是一家相當耐人尋味的老舖，去京都時值得前往參訪。

宇治店

║電話║ 0774-22-2509
║地址║京都府宇治市宇治妙樂 38 番地
║時間║ 9:00~ 天黑（無休）
║紀念館║ 10:00 ～ 16:00(休息日：週五、8/13 ～ 16、12/30 ～ 1/5)
║入館費║ 200 日圓
║網址║ https://www.shunsho.co.jp/

5

鍵善良房

開設美術館的和菓子老舖

京都的和菓子老舖有幾百間之多，經常讓人選擇困難，參考旅遊雜誌與網路評論是一個好辦法。會知道鍵善良房（KAGIZEN），最初是從一個電視節目裡看到，這間老舖曾讓一位西方女孩上門去學習和菓子，如此開放的胸襟讓我印象深刻，後來又在不少京都刊物裡讀到關於它的介紹報導，風評相當好。

創立於江戶享保十一年（西元一七二六年）的鍵善良房，和菓子商品有幾十種，最具代表性的是葛切，是以葛這種植物根部磨成的粉所製作的透明長條狀物，再加上黑糖（也有白糖）蜜煮出的甜湯，Q軟口感，在夏天加入冰塊，吃來最消暑氣，還曾被稱為「京之味的王者」。

另外推薦一款「園賑」干菓子組合，以和三盆糖（產於德島縣阿波）製作，一盒有花鳥風月十幾種造型，顏色柔美，充滿四季風情，口感纖細清爽，有點像台灣的某一種糕點。

為了迎合時代需求，鍵善良房於二〇一二年成立新風格的 ZEN CAFÉ，提供比較洋式的甜點，讓人耳目一新。另外鍵善良房還特別成立 ZENBI 美術館，除了展示江戶、明治與昭和時期的珍貴器物與書畫，也舉辦過不少藝術展，譬如樂雅臣石雕展、河井寬次郎陶藝品展、原榮三郎京都寫真展、美麗的菓子木模型展等，都是值得玩味的藝術饗宴。

下次去京都時，抽空先去鍵善良房品嚐甜點，再去美術館參觀，身心都會得到滿足。

本店

｜電話｜ 075-561-1818
｜地址｜京都市東山區祇園町北側 264 番地
｜時間｜菓子 9:30 ～ 18:00、喫茶 10:00 ～ 17:00（週一休）
｜網址｜ https://www.kagizen.co.jp/

ZENBI 美術館

｜電話｜ 075-561-2875
｜地址｜京都市東山區祇園町南側 570-107
｜時間｜ 10:00 ～ 18:00（週一休）
｜門票｜ 1000 日圓

6

福壽園

推廣茶業文化的全方位天地

京都有很多茶葉老舖，規模大小不一，擅長面向各具特色，但若論發展最全方位者，首推福壽園（FUKUJUEN）這間知名老舖。

寬政二年（西元一七九〇年）創立的福壽園，對茶葉有四項堅持，包括選茶、製茶技術、調配組合（BLEND）與保存方法，發展茶葉事業秉持現代化觀念，特別成立一個茶研究中心，對於茶葉的形狀、色澤、水色、香氣與滋味都格外講究，嚴格把關微生物菌群繁衍，讓客人對其品質很放心。招牌商品為玉露、煎茶、抹茶、玄米茶、焙茶與紅茶等，皆有小包裝與禮盒，也販賣蕨餅、抹茶九層蛋糕、抹茶紅豆麻糬、抹茶布丁、夾餡鬆餅與抹茶牛奶糖等甜點。

福壽園特地在宇治地區成立茶亭、茶工房與茶菓子工房，讓客人學習製茶與接觸陶藝，同時舉辦品茶禮儀講座與茶道教室。另外，福壽園以創造茶 LIFE 為目標，融合文化（CULTURE）、健康（HEALTH）與快適（AMENITY）理念，在距離稍遠的木津川市，建造了一座 CHA（茶的日文發音）遊學園區。

客人只要預約，即可至這個廣闊園地參觀，除了瀏覽福壽園歷史等茶葉相關資料，觀看世界各種茶葉展示，還能體驗石臼碾茶、學習茶道、品茶與菓子等約兩小時的內容，費用為三千八百五十日圓。如此全方位推廣茶文化，這種大格局的視野與精神令人敬佩。

福壽園不只是人氣茶葉老舖，精益求精之餘，還在京都本店開設法國料理餐廳 Maison de Matsuda Fukujuen，由經驗豐富的松田能幸擔任總料理長，融合宇治茶與法國料理的套餐很有特色，午餐有六千多日圓與八千多日圓兩種，另有週年套餐訂價一萬兩千一百日圓，晚餐則分為一萬兩千一百日圓與一萬五千七百三十日圓兩種。福壽園商品外銷到台、新、馬、美、加、巴西與歐洲等共五十多國的百貨公司與超市，品牌版圖相當國際化。

本店

｜電話｜ 050-3152-2901
｜地址｜京都市下京區四条通富小路角
｜時間｜ 11:00 ～ 18:00（茶室需於 17:00 前進入）（元旦 & 週三休）

3F 法國料理餐廳

｜電話｜ 050-3152-2903
｜時間｜午餐 11:30 ～ 15:00、晚餐 17:30 ～ 21:30(元旦 & 週二三休)
｜網址｜ https://www.fukujuen-kyotohonten.com/en/

7

中村藤吉

以宇治抹茶聞名的老舖

平常提到去京都旅遊，多是指京都市，行政單位上其實隸屬於京都府，不算廣大的京都府，轄下共有十五市十町（鎮）一村，面積與花蓮縣差不多，其中以曾當日本首都上千年的京都市最知名，面積約為台北市的三倍。

第二有名的宇治市，緊鄰京都市南方，就像世界上其他美麗茶鄉一般，水土俱佳而能生產品質良好的茶葉，實在是一個承天庇佑的寶地。一般講宇治茶即指抹茶（常聽到的宇治金時，即為抹茶紅豆），而中村藤吉（NAKAMURA TOUKICHI）就是宇治地區以抹茶聞名的茶葉老舖。

創立於安政元年（西元一八五四年）的中村藤吉，曾獲得各地品評會與博覽會金銀銅牌等獎項，大正與昭和天皇即位時更曾經獻上御茶，可見其名聲與品質。由於有配合的茶園，也有自己的製作工廠與物流系統，完全能夠掌控產品品質與運送事宜。茶葉商品有抹茶、煎茶、玉露、玄米茶、焙茶、京番茶、莖茶、粉茶、麥茶等，相當多元。以最知名的抹茶來說，三十公克粉狀茶罐依等級不同有十二種選擇，價格從一千多日圓至上萬日圓不等，要買哪一種就看對於品質的講究與否。

中村藤吉推出的抹茶味甜點，包括蕨餅、巧克力、生茶果凍、羊羹、蛋糕與冰淇淋等，都相當香醇可口。想買禮盒的話，有茶葉組合、甜點組合與這兩者組合，有幾十種可供選擇。另外還販賣茶匙、茶杯與外出茶壺小包組，喜歡這個老舖的人可買來做紀念。

中村藤吉本店位於宇治市，古典建築物屬於明治時期的代表性屋敷。在京都市內還有四間分店（東京與大阪也有），但最推薦前往一樣在宇治市的平等院店，建築物保存江戶時期的菊屋料亭旅館風貌、再予以改建，周遭宇治川風景優美，點一杯裝在竹筒杯的抹茶飲料，一邊欣賞美景，人生就需要這樣的小確幸啊！

平等院店

｜電話｜ 0774-22-9500
｜地址｜京都府宇治市宇治蓮華 5-1
｜時間｜ 10:00 ～ 17:00（不定期休）
｜網址｜ https://tokichi.jp/

8

進進堂

永遠追求進化的法風麵包集團

日本人的民族性細膩精準、又懂得向歐洲取經，只能說日本麵包真的比較好吃，不僅口味上有很多變化，而且口感Q彈細緻，深得我心，老實說在台灣只有少數職人開的麵包店可以媲美。

東京有太多很棒的麵包店，而京都最厲害的麵包店首推進進堂（SHINSHINDO）集團，竟然開了百年以上。

創立於大正二年（西元一九一三年）的進進堂，創業者續木齊是基督徒，創業理念是來自「透過麵包，獻給神與人」的信仰。為了學好製作麵包的技術，特地前往法國進修烘焙，這在當時可說是創舉。發展至今，進進堂已有十幾間分店，除了麵包販賣區，大部分門市都設有座位區，讓客人可以馬上吃到剛出爐的熱烘烘麵包；只有幾間較小的門市，單純只賣麵包。

進進堂麵包陣容非常豐富，少不了的基本款如法棍、可頌、吐司、餐包之外，還有

北山店

‖電話‖ 075-724-3377
‖地址‖京都市北區上賀茂岩ケ垣內町 93
‖時間‖ 07:30 ～ 20:00（年末年始休）
‖網址‖ https://www.shinshindo.jp/branches/

三明治、鹹派、火腿洋蔥堡、咖哩炸麵包、有餡麵包、可麗露等，還會開發季節新產品，讓客人永保新鮮感。

進進堂人氣最高的是早餐與午餐，每季會以最旬食材變換菜單，早餐最豐盛的是包含沙拉、主餐（有豬排、炒蛋或荷包蛋）、四種麵包與湯的套餐，價格兩千三百日圓，如果只想喝杯咖啡、加一點麵包，一千日圓有找，也有其他一千多日圓的許多組合選擇。

午餐比如海鮮義大利麵、燉牛肉、松露漢堡、伊比利豬香腸蔬菜塊焗烤、雞肉蔬菜湯咖哩與綜合小菜鹹派盤等，每種都讓人垂涎欲滴，單點一千多日圓，加麵包與飲料兩千多日圓。由於每間分店菜單不太一樣，去之前最好先在網路上瀏覽一下。最推薦北山店，因為它位於北山通，附近有不少風格店舖，用完餐還可以在附近走走逛逛。

進進堂如此成功，乃貫徹三大理念：顧客第一、自己培育人才與內部管理充實。讓人尊敬之處在於不斷保持進化的精神，現在還開設一間法式餐廳 Le Bon Vivre（美好人生之意），提供法國家庭料理、起司與洋酒，當然還有起家的麵包，不但常客想去捧場，連我也好想飛去京都品嚐。

酒與料理

玉乃光酒造位於水質優良的京都伏見區。

9

玉乃光酒造

傳承日本酒醍醐味的三百多年大藏元

雖然我沒有品酒的嗜好，對酒的知識也只有粗淺了解，卻一直對日本酒造懷抱很大的好奇，覺得那是一個神祕深奧的世界。即使看過酒造主題的日本漫畫或日劇，也只能望梅止渴，無法一窺堂奧。

約十年前曾採訪過東京一家酒造，可惜當時對方沒有時間讓我深挖，此次能夠順利採訪到三百多年的京都玉乃光（TAMANOHIKARI）酒造，趕緊把握機會盡情發問，總算窺知製造日本酒的深奧學問。

①玉乃光酒造 LOGO 設計以一個鑽石圓環為主體。②日本酒是一個深奧的世界。
③掛在玉乃光酒造走廊的古畫詳細繪製釀酒步驟。
④來自著名產地的精選米儲藏室。（玉乃光酒造提供）

遭遇火災後遇上好水而遷往京都

玉乃光酒造於延寶元年（一六七三年）創業於紀州藩（現在的和歌山縣）。玉乃光這個名字是在第六代藏主中屋六左衛門時由神社最高住持命名，製造的酒廣受紀州藩主與當地人民喜愛。不過一九四五年二戰期間，酒造倉庫因遭遇空襲而燒毀，即使處於這種打擊之下，當時十一代藏主宇治田福時，仍然堅持繼續造酒，但一切都要從零開始，備感吃力。

經過一番探尋，藏主意外發現京都伏見區擁有優質的天然地下水（後稱作伏水），又看到當地有其他歇業酒造留下的設備，因而毅然決定遷廠。在京都重起爐灶後，一路順遂發展到今天，除了新冠疫情使業績有些影響，幾乎可說平穩地營運成長至今。目前社長羽場洋介是第十四代，他是會長丸山恒生的女婿，擅長守成的岳父與創新的社長兩人，共同為玉乃光酒造創造出品牌大格局。

玉乃光酒造的商標設計蘊含巧思，以一個鑽石圓環為主體，上面映照的顏色來自於光線照射，寓意玉乃光的酒彷彿太陽般為每天的生活帶來色彩，對愛酒的日本人來說，好酒是生活中不可欠缺的美好享受。

①一望無際的稻田。②飽滿稻穗是大自然的贈禮。③酒精發酵中的米。
（本頁照片為玉乃光酒造提供）

釀造日本酒是一門深奧的學問

酒，對日本人來說是一種日常飲品，也形成其獨特的飲食文化，除了是佐餐良伴，也可說是一種促進溝通的工具。許多上班族與上司或客戶平常說不出口的話，下班後一起喝上幾杯，就比較能夠坦誠相見。而酒量好的日本女性也不少，每次與日本女性朋友吃飯，她們都習慣點杯葡萄酒或燒酒，還有人一次可以喝完一兩瓶紅酒。夏日每天沐浴後，有人也習慣來罐啤酒，酒量好的人不在少數。雖然我的體質不易醉酒，但由於不喜歡辛辣感與單寧澀味，除了梅酒與香檳以外，對其他酒類都淺嚐即止。

杜氏，是清酒首席職人，也就是酒造的最高責任者，是掌控清酒品質與風味的關鍵人物。玉乃光酒造有一位杜氏，帶領十幾位藏人（釀酒師），共同承擔起老舖招牌的重責大任。釀酒最忌天氣炎熱，因此，玉乃光酒造循例在每年九月下旬至隔年五月中旬進行釀製作業。

既然談日本酒，當然要介紹一下釀造過程：首先將米的外層蛋白質與脂肪部分削去成為精米，洗過、浸泡、蒸煮，再予以冷卻。接著有一個非常重要的過程叫三段仕，即在四天之內，將處理過的精米分三次裝入酒筒發酵，第一天加入米、麴、水與酒母；第二天什麼也不做，只等待酵母培養出來；第三天加入第二次較多的米、麴、水；第四天再加入更多的米、麴、水，之後就靜待發酵。最後取出日文叫 Moromi（醪）的稠狀物，將其過濾為清酒與酒粕，之後將生酒加熱，這是為了讓酒質安定與防止微生物繁殖，以免產生雜味，最後即成為可販賣的清酒。不同的酒款各有長短不一的釀造時間，最重要的發酵過程約需三十日。玉乃光酒造大部分商品，從釀造到裝瓶出廠，需幾個月到一年時間，也有一些酒款是裝瓶後再熟成幾年才出廠，會產生不同風味，這也是日本清酒的魅力。

採訪玉乃光酒造當時非釀酒時節，公關帶我參觀空置的釀酒區，同時說明各個步驟。即使是釀酒時節，其實外人也無法進入作業密室，不過僅只如此，已讓我大開眼界，深覺不虛此行。

①釀酒職人製作米麴。
②大鍋正在蒸米。
③以容器培育酒母。
（以上照片為玉乃光酒造提供）
④採訪時非釀酒時節，參觀釀酒區的空置設備。
⑤釀造好的清酒儲存在大型酒槽內。
⑥待運送的酒品。

釀好酒三主要元素，創造豐富多元產品

日本全國約有一千六百座酒造，京都有三十四座，伏見區有十幾座，分布不同地區的每個酒造，都擁有在地的歷史特色與地域文化。要釀出好酒需要水、米與麴三樣主要元素，因此能夠生產好酒的地區，都是擁有好水的寶地，這種取之自然的得天獨厚條件，實在令人羨慕。

玉乃光酒造擁有伏見地區取之不竭的天然水，並且選用上等好米作為釀造材料，其中包括：美稱為「幻之酒米」的備前雄町；稱作「酒米橫綱」的兵庫縣山田錦；京都栽種的祝、美山錦、吟風與五百萬石等稻米品種。而麴菌是由米繁殖出來的，有

了它產生酵素，才能讓澱粉分解為糖，得以釀造出玉乃光酒造一流的六十款日本酒。

為了滿足不同客人的需求，玉乃光酒造在包裝設計上靈活多元，包材包含玻璃瓶、鋁箔包與罐裝。陣容約六十種商品，從容量最小一百八十毫升訂價二百八十日圓的酒魂鋁箔包，到常被拿來送禮的一千八百毫升訂價兩萬日圓的 Black Label，當然也有營業用的七十二公升近十三萬日圓的本荷樽（大酒桶）。常見酒款是七百二十毫升容量，售價從一千多日圓到五千日圓不等，完全看自己需要哪種風味與容量大小。

酒造一年約售出五千石（日本一石為一百八十公升）的酒，最暢銷的前五名大吟釀酒款為備前雄町 100%、酒魂、GREEN 山田錦、TAMA 與祝 100%。公關表示市面上的日本酒有七成都加入人工酒精，但玉乃光酒造堅持全部商品均由純米釀造，是百分之百純粹清酒，完全沒有摻雜半滴人工酒精，可說是最具誠意的酒造，但成本上的負擔自然也增加不少。純米釀造這個特點，不但是健康、自然的保證，也是品質優、人氣高的主因。另外，他們也生產深受女性客人喜愛的梅子與柚子水果酒。

夏天由於溫度高不釀酒，不過，由於之前釀造好的清酒，儲存在大型酒槽內，玉乃光酒造仍然能夠每個月都推出大量商品，並在全國各地百貨公司一年到頭舉辦試飲會，幾乎可以說每天都有玉乃光的試飲會。

MANEKITSUNE 純米吟釀
小玻璃瓶裝

MANEKITSUNE 燒酒
大玻璃瓶裝

鋁箔包清酒

鋁箔包清酒

罐裝清酒攜帶方便

最大包裝的本荷樽酒桶價格近
13 萬日圓

（本頁照片為玉乃光酒造提供）

①職人從釀酒機械剝下殘留的酒粕。②一片片酒粕是酒造取之不竭的原料。
（本頁照片為玉乃光酒造提供）

事業版圖延伸，開設酒粕餐廳

玉乃光酒造多年經營有成，財力雄厚，行有餘力於二〇二二年四月進軍餐飲業，有意思的是他們想到以日本酒副產品酒粕為原料開設餐廳，稱得上匠心獨具。純米酒粕玉乃光餐廳位於京都市區，白色為主體的獨棟建築物，設計得簡樸大方，

什麼是酒粕？酒粕是製造日本酒最後剩下的米渣，對酒造來說，是永遠取之不盡的免費原料。玉乃光酒造在釀酒結束之後，會將酒粕冷凍保存，並花點時間讓其熟成，滋味更上一層。餐廳裡除了玉乃光酒造的多種代表酒款，同時販賣由酒粕製造的各項產品，品牌訂名為「無垢」（MUKU），產品線包括通心麵、年糕、蛋糕、白巧克力夾心餅乾、布丁、冰淇淋、奶油起司、調味料、糖果等相關商品，酒粕的用途居然可以那麼寬廣，令我覺得新奇又有趣。親自品嚐酒粕蛋糕與糖果，前者口感綿密、帶有起司風味，冷藏後更加美味。

素愛品嚐美食的我，特地前往純米酒粕玉乃光，點了關東煮、

①

②

③

④

⑤

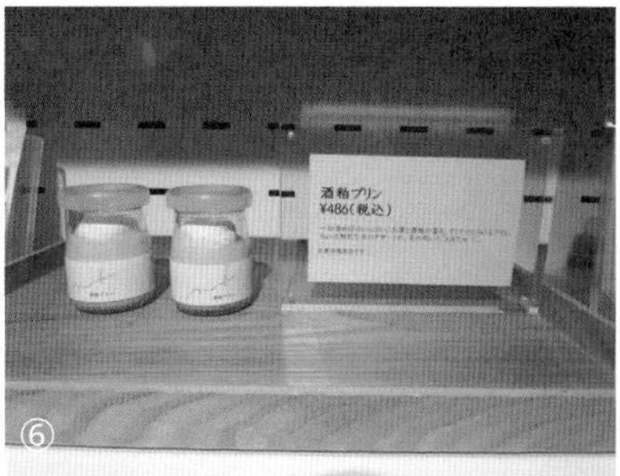

⑥

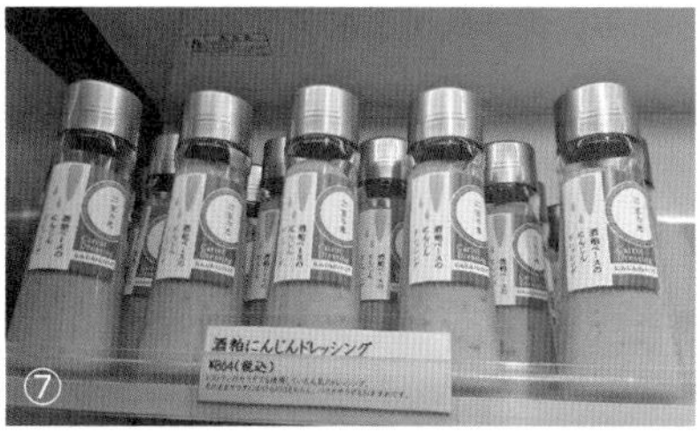

⑦

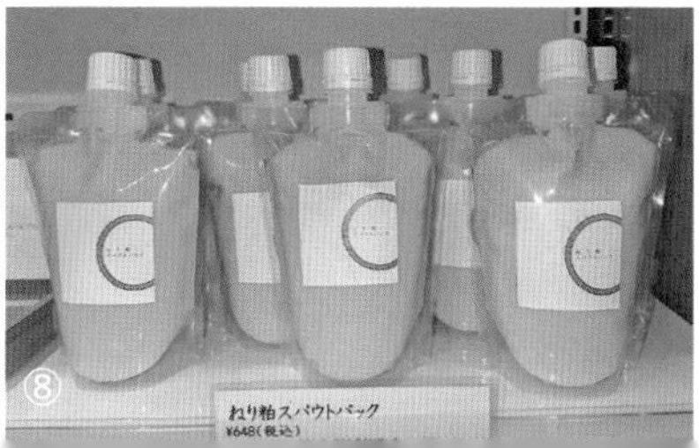

⑧

①位於京都市區的純米酒粕玉乃光餐廳。
②餐廳入口。
③餐廳一樓包含廚房、商品販賣區與部分用餐區。
④餐廳門口展示的日文與英文菜單。
⑤酒粕做的蛋糕與糖果。
⑥嚐嚐看酒粕布丁。
⑦酒粕與紅蘿蔔作的調味料。
⑧稠狀酒粕可當作料理基底。

①木盤套餐包含 12 種菜餚。（玉乃光酒造提供）
②玉乃光酒造的柚子酒實在好喝。

綜合前菜與燉煮鯛魚頭。前菜包含醃漬章魚番茄、吟釀鴨肉、酒粕鯛魚、酒粕南瓜與葡萄乾奶油五樣，裝在長方形的碟子裡，既賞心悅目又新鮮開胃。

燉煮鯛魚頭加入純米吟釀與酒粕一起烹調，使得魚肉嚐來格外濃郁入味，讓人想叫一碗白飯來配，可惜餐廳沒有供應。主打的木盤套餐包含十二種菜餚，菜單每月更換，其他料理針對季節而不定期替換。來到酒造開的餐廳，當然少不了喝一杯，選擇最喜歡的柚子果實酒，帶著一股天然的柚香，實在好喝。

玉乃光酒造商品除了在國內暢銷，也輸出海外，包括美、加、英、德、澳洲、以色列、中國、台灣、香港等地，品牌版圖相當國際化，在日本全國酒造裡可說是非常成功的範例。

提到未來願景時，玉乃光酒造表示在守護傳

統的同時，也要多開發有機酒品，並拓展到世界各地。在日本料理已被聯合國教科文組織公告為無形文化遺產的今日，搭配料理不可或缺的香醇日本酒，將更受世人喜愛。玉乃光酒造的成功傳承，已在業界屹立了三百五十年，相信這份榮耀會繼續延續下來，並在海外拓展開來。

①包含五樣的前菜既賞心悅目，又新鮮開胃。
②由純米吟釀與酒粕燉煮的鯛魚頭，魚肉嚐來濃郁入味。
③風格平實的餐廳二樓。

玉乃光酒造產品曾獲獎。

純米酒粕玉乃光餐廳
｜電話｜ 075-352-1673
｜地址｜京都市下京區因幡堂町 658-1
｜商店時間｜ 11:00 ～ 19:00
｜餐廳時間｜ 11:30 ～ 14:30、17:00 ～ 22:00
｜網址｜ https://www.tamanohikari.co.jp/cn/

精米步合

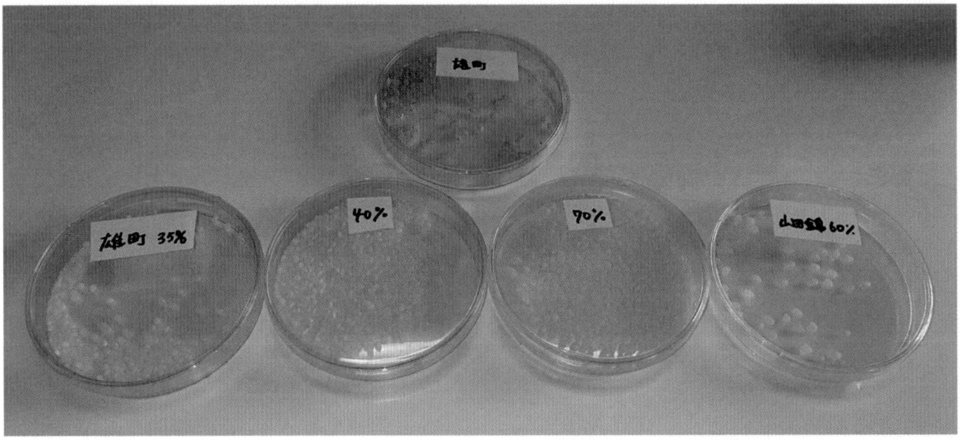

精米步合數字愈低，等於萃取的白米愈少，釀造出來的酒純度愈高。（玉乃光酒造提供）

有關日本酒，常可見到「精米步合（比例）？%」的字眼，到底是什麼意思？舉例來說，若標示精米步合百分之四十，即指一百公斤玄米削掉外層後、得到四十公斤的白米為原料。精米步合數字愈低，等於萃取的白米愈少（即捨棄不用的部分愈多），釀造出來的酒純度就愈高。

玉乃光酒造為了確保品質，一律自行以專門機器削米，不假外人手。不像有些酒造直接買削好的米，或者委託相關業者削米。目前玉乃光酒造酒品的精米步合，從最高級的百分之三十五（約只佔整體商品的百分之一），到數量最多的百分之六十不等。

10

菱岩

歷史悠久的懷石便當老舖

在日本，除了一些街頭便當店會提供現做熱便當外，絕大部分的便當幾乎都以常溫販賣與進食，這一點跟台灣人普遍愛吃熱便當的飲食習慣很不一樣。對日本人來說，加熱會使綠色蔬菜變黃，如果沒有保存好，食物反而容易腐敗，因此多數人習慣吃冷便當，而菱岩（HISHIIWA）正是便當的始祖老舖。

創立於天保初年（西元一八二九年）的菱岩，始終以客人的喜好為第一考量，由於京都祭典多，加上婚喪喜慶的需要，把製作好的便當送到客人府上，一直是一門細水長流的生意。自從外食產業愈來愈蓬勃發展後，菱岩開始外送便當到祇園街區的茶屋，風評良好。

菱岩的便當在必備的Q軟白飯與高湯蛋捲之外，搭配每季食材精心烹調的菜色，走高級路線的便當分三類，包含半月便當、松花堂便當與折詰（木片盒）便當，半月便當裝在漆器盒內，便當吃完，漆器盒可拿來裝小物，價格三千多至五千多日圓；松花堂便當價格六千多至七千多日圓，配菜頗多；折詰便當有七種選擇，從最低價的三千多日圓，至二萬多日圓（這種高價位已經可以到料亭用餐），每一款便當的烹調與擺飾都充滿美感。

很意外日本的便當已發展近兩百年歷史，菱岩以身為客人的廚房自居，可見其便當口味一直備受肯定，喜歡日式便當的人下次去京都時記得前往捧場喔！

本店

| 電話 | 075-561-0413

| 地址 | 京都市東山區新門前通大和大路東入西之町 213

| 時間 | 11:00 ～ 19:00（週日 & 每月第二個 & 最後週一休）

| 網址 | https://hishiiwa.com/ja/

11

順正

以湯葉豆腐料理起家的料亭老舖

日本人非常喜歡吃湯葉（日文唸做 YUBA），也就是滑嫩的豆皮，與豆腐算是兄弟姊妹，而順正（JUNSEI）是把兩者發揚光大的京都老舖。

創立於天保十年（西元一八三九年）的順正，秉持鑽研京之食文化、透過湯豆腐學習待客之道、傾聽客人的喜悅心聲、提供安全衛生與高品質的飲食，以提升顧客滿足度等理念經營，傳承一百八十多年來，展現出如今豐富的面貌。

順正的三種招牌套餐，分別是花套餐三千六百三十日圓、月套餐四千八百四十日圓與雪套餐五千五百日圓，三者都有一個豆腐鍋、炸蔬菜、田樂豆腐燒、栗子飯，後兩者還有前菜、生魚片（為了客人胃口，不是素菜料理）與布丁，有興趣的人可以先上官網，比較看看三款套餐有何不同。

為了兼顧喜歡豐盛餐宴的客人需求，順正也推出京會席料理，除了一樣有起家的豆皮、豆腐與精緻配菜，還包含龍蝦、螃蟹與和牛鍋物等主菜，價格從七千多日圓至一萬多日圓。可以先品嚐豆皮豆腐套餐，覺得合口味的話，下一次再升級品嚐較貴的套餐。

靠近南禪寺的順正還有一個吸引人的特色，就是擁有一千兩百坪的日式庭園，包含石門、鯉魚池與花草果樹，隨著四季推移，可以欣賞春櫻、夏綠、秋楓、冬雪美景，在庭園內悠閒散步，實在是至高無上的享受。加上有多個大小空間可容納客位數至八十八人，常被客人包下場地聚餐或宴客。

順正謹守自身定位，先把便宜的豆皮與豆腐做到極致，再發展出豐盛料理，在競爭激烈的京都餐飲界走出名號，相信未來仍會繼續發光。

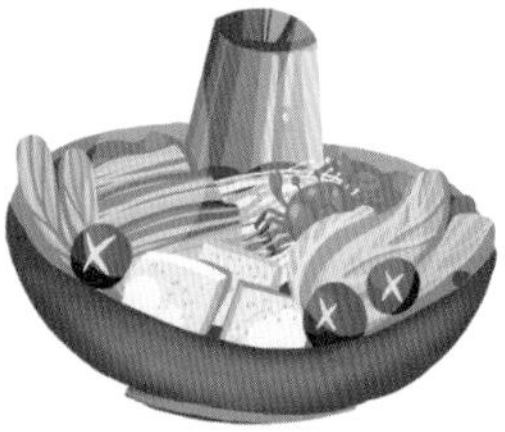

本店

| 電話 | 075-761-2311

| 地址 | 京都市左京區南禪寺門前

| 時間 | 11:00 ～ 21:30（不定期休）

| 網址 | http://www.to-fu.co.jp/zh-hant/

12

總本家松葉本店

蕎麥麵與烏龍麵的老字號

日本人常吃的麵條分為細蕎麥麵與粗烏龍麵，兩者價格可以相差不少，關鍵在於手擀而非機器製造。在日本，因為專業性不同，蕎麥麵與烏龍麵常常只會擇一供應。曾在電視節目上看過日本有些追求極致的蕎麥麵店老闆，從自己種植蕎麥開始做起，收割、輾麥、磨粉、擀麵、切細，到烹煮，麵熟了還要泡在冷水裡甩幾下，這樣口感才會Q，因此每日限量幾十份，因為純手工無法大量製作。不過京都的總本家松葉（MATSUBA）本店是蕎麥麵與烏龍麵都賣的知名老舖。

創立於文久元年（西元一八六一年）的總本家松葉本店，建築物古色古香，菜單除了手打的兩個麵體主角，還販賣丼飯、定食與便當，價格從一千多日圓到三千多日圓，算很平易近人，但同時兼具美味。特別推薦鴨南蠻（湯有辣椒與蔥）蕎麥麵、穴子（星鰻）蕎麥麵、豆皮豆腐烏龍麵、咖哩烏龍麵、鯖魚丼飯、天（炸蝦）丼飯、天婦羅定食、幕之內便當（包含烤魚、煎蛋與多種配菜）等，選擇相當多。

總本家松葉本店還會針對季節推出不同菜單，像春夏的冷麵線、京漬物蕎麥麵、雞肉蕎麥麵、蛤蕎麥麵等，以及秋冬的松茸蕎麥麵、鴨肉豆皮蕎麥麵等，都別有風味。還有販賣湯圓紅豆湯與蜜豆等甜點，吃完麵食來一碗，畫下完美句點。

總本家松葉本店以物超所值作風經營了一百多年，讓客人的胃袋與荷包都沒有負擔，去京都時當然要去品嚐。

本店

| 電話 | 075-561-1451

| 地址 | 京都市東山區四条大橋東入ル川端町 192

| 時間 | 10:30 ～ 21:00（週三休，因季節會有變更）

| 網址 | http://www.sobamatsuba.co.jp/

13

和久傳

連稻米也自行栽種的頂級料亭

台灣有不少人喜愛日本料理，統一簡稱為和食，但其實範圍很廣。以價位來說，分多種層級，從關東煮小店、牛丼食堂、創意菜色的居酒屋，到較貴的料亭。料亭也分低中高三種價格帶，大概是五千日圓以下、一兩萬日圓與五萬日圓以上吧！而京都和久傳（WAKUDEN）當之無愧是頂級料亭老舖。

創立於明治三年（西元一八七〇年）的和久傳，取這個屋號是希望和平、長久與傳承。最初是位於丹後的木造三層旅宿，經歷丹後大震災後，重建為佔地三千坪、只有七間房的風雅料理旅館。歲月荏苒，於昭和五十七年（西元一九八二年）遷移至如今的東山麓高台寺，轉為專注經營料亭。和久傳連壽司使用的稻米都自己種植，完全不使用農藥，足以證明其講究。

和久傳只提供套餐，沒有單品料理，中午套餐有三種選擇，一客三萬多、四萬多與五萬多日圓；晚上套餐有三種選擇，一客四萬多、五萬多日圓與OMAKASE（主廚決定）。另外有精進（素菜）料理套餐一客三萬多日圓；每年十一月至翌年三月名產間人蟹季節的會席套餐六萬多日圓、烤蟹套餐八萬多日圓，能夠做到以高價制客量，又在業界生存良好，證明和久傳的本事與魅力。由於屬於頂級日本料亭，備料成本昂貴，用餐必需預約，記得若是預約好了，在預訂用餐日的兩天前的 20:00 之後取消，要收取八成費用。

每個人對美食有不同的價值觀，日料愛好者來京都旅遊時，如果打算花錢好好犒賞自己，深具歷史傳統美與極致料理滋味的和久傳，值得前往。

本店

| 電話 | 075-533-3100

| 地址 | 京都市東山區高台寺北門前鷲尾町 512

| 時間 | 12:00 ～ 15:00、17:30 ～ 21:00（週日 & 不定期休）

14

三嶋亭

和牛老饕不能錯過的老牌餐館

提到和牛，很多肉食主義者不自覺會垂涎三尺，不少台灣人去日本旅遊時，都會在行程中安排去吃一頓燒肉（通常是牛肉）料理，而京都三嶋亭（MISHIMATEI）就是會讓人食指大動的和牛料理老舖。

創立於明治六年（西元一八七三年）的三嶋亭，創業者曾前往長崎學習牛肉鍋物料理，幾年後回到京都創業，嚴選黑毛和牛，以獨門的牛肉熟成技術烹調美味的肉料理，至今除了繼承傳統，同時也不受限地保持進化。本店一樓分兩部分：品嚐牛肉料理的餐館與販賣肉品的店舖。餐館套餐分五種，除了昼（中午）套餐八千多日圓，另外月、極上、花與極上花四種套餐，從一萬多至近三萬日圓，油花分布均勻的霜降牛肉看來實在美味。也有販賣牛肉便當，一個不到兩千日圓。

三嶋亭在京都的高島屋與大丸百貨也設有分店，一樣提供牛肉料理，但檔次便宜很多。前者套餐從三千多日圓至一萬多日圓；後者只要兩千多日圓至三千多日圓，內容都包含主餐牛肉、幾種前菜、菓子與茶，差別在於牛肉的等級。三嶋亭於二〇一八年開設姊妹店翁樹庵，提供洋風的炭燒牛肉料理，搭配當季食材，只有OMAKASE（主廚決定）套餐，入店才能知道是何種菜色，也為客人帶來期待的心情，一人兩萬多日圓。

雖然我平常最喜歡海鮮料理（不包括生魚片），最常吃雞肉，但無（牛）肉不歡的人應該會很中意三嶋亭。如果住宿飯店房間有小廚房，可以去買三嶋亭的肉品來烹飪，與旅途每天外食有不同樂趣。

本店

| 電話 | 075-221-0003
| 地址 | 京都市中京區寺町三条下る
| 時間 | 11:00～19:30／肉品店舖9:00～18:30（週二＆不定期休）
| 網址 | https://kyoto-mishimatei.com/zh-hant/

15

菊乃井

傳統與革新並重的一流料亭

雖然深愛與研究日本多年，但我始終沒辦法接受刺身（生魚片），因此與套餐一定有刺身的日本料亭可說無緣，不過對於日本料理的精緻與料亭的經營哲學很感興趣。日本各城市有不少一流料亭，京都高級料亭菊乃井（KIKUNOI）就是業界數一數二的存在。

創立於大正元年（西元一九一二年）的菊乃井，佔地近千坪，不只料理技藝精湛，庭園景觀非常美麗，料亭室內裝潢古典風雅，營造出有別於一般料亭的氣勢。秉持美味與美感兼具的理念經營，不僅守護和食傳統，又懂得配合時代需求進行革新。至今曾榮獲現代的名工、京都府文化功勞賞、地域文化功勞者、文化廳長官表彰、食之新潟國際賞、黃綬褒章等，一家料亭能夠得到如此多榮耀，不但罕見而且優異。

菊乃井本店昼懷石午餐有六種選擇，一客一萬多至五萬多日圓（另加百分之十五服務費）；夜懷石晚餐有四種選擇，一客兩萬多至五萬多日圓（另加百分之十五服務費）。經營有成之後，在京都下京區與東京赤坂還開設另外兩間料亭，料理風格類似，但價位比本店便宜不少。

二〇一七年菊乃井於本店旁開設無碍山房（Salon de Muge），展現出耳目一新的和風CAFE風貌，推出五千五百日圓的時雨便當，是濃縮菊乃井精髓的代表物，預算不多者就來體驗一下本物和食手藝與京都優雅風格。另外，也提供抹茶聖代與蕨餅，各一千多日圓，甜點控可來此品嚐。

本店

| 電話 | 075-561-0015

| 地址 | 京都市東山區下河原通八坂鳥居前下ル下河原町 459

| 時間 | 12:00 ～ 12:30、17:00 ～ 19:30（必須在這時間之內入店）
年末年初、每週二休（也有變更時）

| 網址 | https://myconciergejapan.com/zh-hant/restaurants/kikunoi/

16

京極かねよ

日本第一的京都鰻魚飯老舖

日本人從兩百多年前江戶時代就開始吃鰻魚，他們相信在土用丑之日（夏天七月十九日至八月七日）吃鰻魚，特別能夠讓人食欲大開、增進元氣。我是不管什麼理由，從小就很喜歡鰻魚飯，也覺得日本的鰻魚飯做得最道地，每次去日本，幾乎都會去吃一次。而京極かねよ（KYOGOKU KANEYO）不只是京都，更是全日本首屈一指的鰻魚老舖。

創立於大正時代初期（約西元一九一二年左右）的京極かねよ，一直選用國產鰻魚，並以傳統方式燒烤鰻魚，美味關鍵在於醬汁，一子相傳的秘方只有七十歲的料理長與副手知道，連老闆詢問也不被告知。京極かねよ作業不簡化、不量產至其他通路販賣、不數位化、不販賣餐券等，但生意始終一樣好，老闆謙稱運氣一直很好，其實也是承天庇佑。

順便比較一下關東與關西的鰻魚料理，兩者烹調手法不太一樣，關東從背部切開，先蒸過再烤，所以能去除多餘油脂，口感鬆軟；而關西從腹部切開，不蒸直接烤，油脂較多，口感酥香。京極かねよ每日鰻魚用量高達五十至一百公斤，實在驚人。經典鰻魚飯分三千日圓與四千日圓兩種，以百年老舖來說實在便宜，這也是人氣長年不墜的原因之一吧！

包含雞肉炭火燒、鰻魚與松花堂三種定食，價格各為近兩千、四千多與五千多日圓，內容頗豐富，另外也有一萬日圓的豐盛會席料理，就看自己的需求。不吃定食的人，也可以單點鰻魚料理，有一款兩千五百日圓的「八幡卷」很特別，是以鰻魚包住牛蒡燒烤，兩者融合的口感讓齒頰留香。

京極かねよ的玉子燒（煎蛋）也是經典美味，一份六百五十日圓、鰻魚玉子燒一千一百日圓，溫潤可口。喜歡鰻魚的人下次去京都，別忘了前往京極かねよ享用。

本店

| 電話 | 075-221-0669
| 地址 | 京都市中京區六角通新京極東入松ケ枝町 456
| 時間 | 1130 ～ 15:30、17:00 ～ 20:00（週三休）
| 網址 | https://kyogoku-kaneyo.co.jp/

食材與調味料

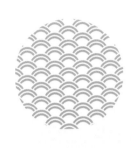

17

半兵衛麩

京料理重要元素的麩老舖

由於曾作為首都千年以上，京都擁有不少與日本其他城市不同的傳統，比如京言葉（語言）、京和服、京燒物（陶瓷）、京料理等，而「麩」在京料理中是不可或缺的元素，到底麩是什麼？它是由小麥與糯米做成的一種食材，口感跟年糕很像，深受大眾喜愛的團子其實也類似麩，半兵衛（HANBEY）正是製造麩的最知名老舖。

創立於元祿二年（西元一六八九年）的半兵衛，製造的麩包括湯麩、壽喜燒麩、京燒麩、年糕麩、棒麩與白玉麩等，配合不同料理使用，鹹甜皆宜。半兵衛製造的湯葉（豆皮）也很有名，包括圓形、片狀、小卷狀與結狀等，由於精選原料、製作品質良好，這兩種食材深受眾多料亭與寺廟肯定而長期訂購。

半兵衛除了製造工廠，町家建築的本店還設有茶房與CAFE，也成立網路商店。一樓後方的茶房，可品嚐由麩與豆皮製作的蟲養（餵養肚子裡的蟲）套餐，包含最有名的生麩田樂，即塗上味噌的烤麩串，一客四千四百日圓。CAFE位於三樓，販賣麩做的多種甜點如馬芬、黑蜜黃豆粉糕、年糕紅豆湯、聖代等；飲料部分，草莓豆乳、抹茶拿鐵與柚子汁等也不錯。另外推薦牛若丸洋風與弁慶和風午餐，兩者皆包含主食、小菜、飲料與甜點，定價都是一千七百六十日圓。

半兵衛肩負傳達食的歷史重任，並宣揚飲食的樂趣，特地在本店二樓設置一個便當博物館，展示江戶時代為主的文件、珍貴漆器便當盒與竹製餐具等，下次去半兵衛吃麩料理時，別忘了順便去參觀一下。

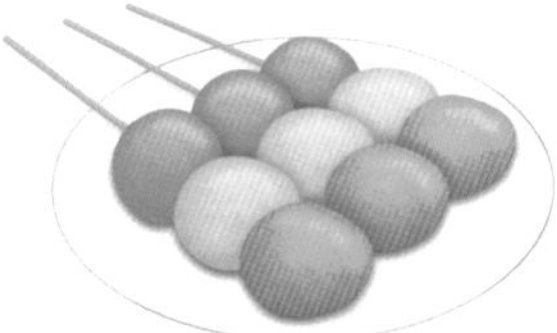

本店

‖電話‖ 075-525-0008
‖地址‖ 京都市東山區問屋町通五条下ル上人町 433
‖時間‖ 10:00 ～ 17:00（週三休）
‖網址‖ https://www.hanbey.co.jp/

18

原了郭

帶來美好滋味的調味粉世界

一個國家的人文愈進步，餐飲業一定發展愈蓬勃，從路邊攤、平價食堂、輕奢華餐館，到所謂昂貴精緻餐飲（FINE DINING），儘管分為不同價位的幾種層級，但受歡迎的人氣店不外乎都是食材佳與滋味好。但食材再貴再好，如果沒有醬汁等調味料，吃來還是有所欠缺，其中調味料約半數來自乾燥粉狀物。酸甜苦辣不同滋味各有人愛，京都的原了郭（HARARYOUKAKU）就是數一數二的調味粉老舖。

創立於貞享二年（西元一六八五年）的原了郭，其調味粉屬於一子相傳的古法製造，無法大量生產，反而造就了獨一無二的品牌定位。商品分為香料、佐料與漢方（中藥）三類，調味粉可使用於燒烤物、炸物、鍋物、麵類、丼飯、粥、麵包、湯與一些果汁等，還有潤喉用品，範圍實在廣泛。人進食需要調味料佐餐開胃，餐館也需要各色香料為料理調味，這意謂原了郭永遠不愁沒生意可做，讓人不得不佩服創業者實在選對產業了。

特別推薦一款人氣高的辣味「黑七味」，成分包含黑白芝麻、唐辛子、山椒、青海苔、罌粟籽與麻籽。首購時有一個讓人自己轉出粉末的四角木盒，五公克售價一千兩百一十日圓，之後只要買補充包裝入四角木盒，八公克僅四百八十六日圓。「黑七味」適合為和食洋食加味，尤其在烏龍麵、蕎麥麵與鍋物中撒幾下，多了這一味，冬天進食可以讓身體暖和起來，店裡還推出黑七味咖哩包，售價六百日圓有找。另外混合十五種原料的咖哩粉，罐裝二十公克五百九十四日圓；濃縮高湯兩百一十毫升五百四十日圓，也都很受歡迎。

儘管調味粉只是不起眼的配角，但原了郭把它製造到極致，成為日本首屈一指的專家，足以帶給我們很好的啟示。

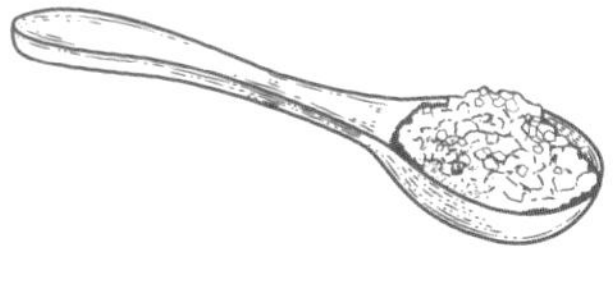

本店

｜電話｜075-561-2732
｜地址｜京都市東山區祇園町北側 267
｜時間｜10:00 ～ 18:00（1/1、2 休）
｜網址｜https://shop.hararyoukaku.co.jp/

19

松島屋本店

日本飲食不可或缺的柴魚昆布老字號

日本飲食簡稱和食，具有重視多元食材本身的鮮味、造就飲食生活的健康均衡營養、四季變化之自然美以及與傳統習俗關係緊密等特色，二〇一三年被聯合國教科文組織登錄為無形文化遺產，是全世界繼法國餐飲、地中海料理之後的第五個，這種認證實在是無上光榮。而柴魚（日文漢字為鰹節）與昆布由於是製作高湯的必備食材，可說在和食文化裡扮演舉足輕重角色，松島屋（MATUSHIMAYA）本店就是生產這兩樣主角的知名老舖。

創立於寶永五年（西元一七〇八年）的松島屋本店，在製造所謂乾物的柴魚與昆布上擁有自身堅持。柴魚屬於南方暖流黑潮的產物，依照使用部位與製造階段的不同，分為本枯節、荒節與裸節等，像製作本枯節要多次塗上一種黴菌、再除去，一直達到水分完全除去，變成硬邦邦為止。而昆布屬於北方寒流親潮的產物，品質因來自不同海域而有所不同，著名的北海道利尻島、禮文島天然昆布產量愈來愈少，現在也有人工養殖的。昆布需要風化熟成的乾燥程序才能夠凝縮風味，松島屋本店的昆布至少風乾一兩年，頂級的更需要五年以上。

介紹一下松島屋本店商品，柴魚薄片一百公克六百二十四日圓、五百公克兩千八百六十日圓；昆布兩百公克一千兩百三十二日圓、五百公克三千零八十日圓，買小包裝很快吃完，可確保新鮮；也有兩種組合的盒裝一千五百日圓，送禮很受歡迎。

由於日本人的飲食永遠不能沒有柴魚與昆布，相信松島屋本店會繼續光榮守護傳統之味。

本店

| 電話 | 075-221-5054
| 地址 | 京都市中京區姉小路通柳馬場東入油屋町 83
| 時間 | 7:00 ～ 17:00（週日、假日、中元 & 年末年始休）
| 網址 | http://www.kyo-matushimaya.com/

20

八百三

耐人尋味的柚子味噌老舖

若論日本人飲食裡絕對不能缺少的調味料，味噌與醬油的使用率大概不相上下，而日本女性如果要學做料理，首先要學的應該就是味噌湯吧！談常吃的味噌不夠特別，京都這間老舖八百三（YAOSAN）製造的是別樹一格的柚子味噌，就讓我很想探索。

創立於享保十二年（西元一七二七年）的八百三，最初以製作精進料理為業，因而常常進出知恩院與御所，由於精進料理中不可或缺的柚子味噌深獲好評，於是專注將其發展為事業至今。順便提一下何謂精進料理，本意是以集中精力專注修行為目的之料理，分為修道僧侶的日常膳食與寺廟為訪客提供的套餐兩種，特色是講究新鮮風味的素食，一道道看來賞心悅目，品嚐時以意境取勝，進食者千萬別以能否吃飽為衡量基準。

八百三使用的柚子產地來自嵐山嵯峨水尾，以大豆為基底的味噌，加上柚子汁製造，嚐來清香順口，不會死鹹。除了煮湯與鍋物，還可用來塗抹燒烤物，包括蔬菜

（尤其是蘿蔔與茄子）、海鮮與肉類都很合適，或者作為豆腐與關東煮的沾醬，也可當作果醬般抹在麵包與餅乾上，用途多元。

由於非常喜歡柚子的獨特酸甜味，吃過柚子口味的糖果、麻糬、餅乾、泡麵、冰棒等，喝過柚子果汁與酒，也用過柚子成分的洗面乳與護手膏。八百三特別推出一款柚子陶器盛裝的商品，有大中小三種，小的七十公克，兩千九百日圓，我已經打定主意下次去京都時一定要購買。八百三除了京都，大阪、神戶與東京的百貨公司也有設專櫃。

本店

｜電話｜ 075-221-0318

｜地址｜ 京都市中京區姉小路通東洞院西入車屋町 270

｜時間｜ 10:00 ～ 17:00（假日營業時間可能不同，週四、日休）

｜網址｜ https://www.yaosan-yuumiso.com/

21

山中油店

讓人健康又美麗的好油專門店

現代人追求健康養生，怕胖的人很多，但維持身材要均衡飲食，不是禁食這個、不吃那個就會瘦，還聽說過想節食的人吃炒青菜時要先過水。殊不知身體的循環代謝需要適量油脂，五臟六腑如果缺乏好油滋潤，想要皮膚發出自然光澤也難；體內不健康的話，臉上塗抹再多昂貴保養品，吸收也有限。京都有間生產油品的老舖山中（YAMANAKA）油店傳承約兩百年，讓我很好奇。

創立於文政年間（西元一八一八至一八三〇年）的山中油店，完全採健康取向，產品包含食用、外用與工業用三大類，食用油材料取自包括芝麻、大豆、花生、玉米、橄欖、稻米、蔥、油菜籽、亞麻仁與椿（山茶花）等，豐富多元。另外還開發美妝用油（有卸妝與保養兩類）與建築塗裝用油，足以看出山中油店對油品的鑽研非常專精。

二戰前京都原本大概有兩百五十間油舖，後來企業大量製造，個體戶自然競爭不了，目前僅剩個位數。山中油店能夠存活兩百年，不屈服於工業化生產的競爭，就是重視食安、品質掛保證。不過山中油店作風純樸，食用油大部分是京都居民與餐館眷顧。其研發的美妝用品少有媒體介紹，可能知道的日本人並不多，但這樣的良心老舖就讓我很想支持而去購買。

很多日本企業官網都只有日文與英文版，山中油店還特別規劃中文繁體與簡體字版，是很友善的老舖，請有緣人多捧場。

本店

| 電話 | 075-841-8537

| 地址 | 京都市上京區下立賣通智惠光院西入下丸屋町 508 番地

| 時間 | 8:30 ～ 17:00（週日 & 假日休）

| 網址 | https://www.yoil.co.jp/

22

土井志ば漬本舖

最天然的京醃漬物專家

日本人是非常熱愛醃漬物的民族，吃丼飯、拉麵與定食時都習慣配一小缽。會出現醃漬物，乃往昔蔬菜保存不易，用鹽醃漬可以延長食用期限，這也是一種生活智慧。雖然長年研究日本，但所有醃漬物中，我只喜歡韓國泡菜、台式醃小黃瓜與大頭菜，每次看到顏色鮮艷的日本醃漬物，都擔心含化學色素，很少入口。這次去京都採訪，經當地人推薦，得知土井志ば漬（DOISHIBAZUKE）本舖所製造的醃漬物完全天然，在京野菜漬物文化中具有舉足輕重的地位，讓我很想嚐嚐看。

創立於明治三十四年（西元一九〇一年）的土井志ば漬本舖，醃漬物用到的蔬菜包括蘿蔔、茄子、胡瓜（小黃瓜）、蓮藕、高麗菜、昆布、筍、洋蔥、山芋、蕪菁、茗荷與山椒等，甚至連櫻花的花苞也製成商品，種類非常多元，足以明白土井志ば漬本舖對於醃漬物充滿極致的研發精神，稱得上是超級專家。

土井志ば漬本舖的商品，單包只要四百多日圓至一千多日圓，最知名商品是千枚漬，乃將白蘿蔔切片，以傳統技法醃漬於國產昆布與密傳的調味液中；還有紫蘇漬胡瓜，是由大原地區自家農園栽種的紫蘇、加上生薑與調味液所醃漬，甚至還把紫蘇製作成果汁，喜歡其特殊酸味的人不要錯過。

土井志ば漬本舖對於推廣自家商品非常積極，每年都會在全國許多城市舉辦促銷活動，如東京、橫濱、名古屋、宮崎、仙台、大分、鹿兒島、小倉等，連沖繩也前往，場所在三越、高島屋、西武等百貨公司與一些商場，有興趣的人可先至官網查詢再前往。

返台前，終於去買了土井志ば漬本舖的牛蒡漬物，真材實料、味道濃郁的口感，讓人吃了還想再吃，吃完齒頰留香。

本店

| 電話 | 075-744-2311
| 地址 | 京都市左京區八瀨花尻町 41
| 時間 | 9:00 ～ 17:00（無休）
| 網址 | https://shop.doishibazuke.co.jp/

輯 2

景仰傳統

京都的文化底蘊深厚，
對傳統的景仰刻印在每一個京都人的基因中。
因此做爲和服源頭的京和服老舖ゑり善，
能低調經營超過四百年，
店名曾出現在大文豪夏目漱石的作品中。
人瑞級別的製香所薰玉堂，也堂堂走過四個多世紀，
成爲日本歷史最悠久的香舖。
這些屹立不搖的老舖，在默默守護傳統的不變當中，
也善巧爲迎接新時代挑戰而創新應變，
不但打開了市場，也煥發出新氣象，
變與不變，都爲京都增添更多魅力。

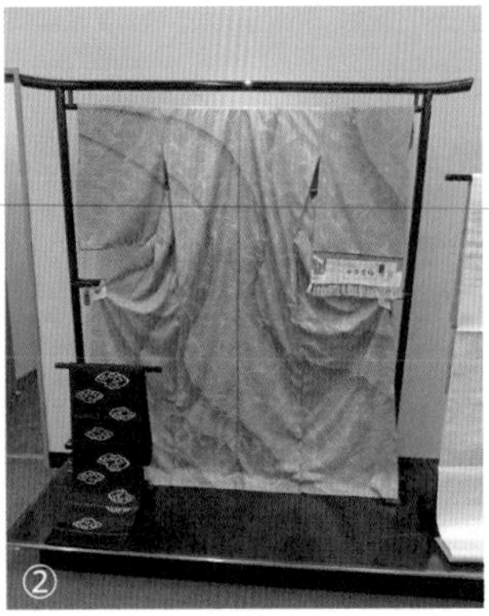

①ゑり善往昔的店面模樣。（ゑり善提供）
②京和服是和服的源頭。

23

ゑり善

屹立四百多年的京和服屋先驅

不少台灣人都穿過日式浴衣，但穿上正式和服者可能為數不多。多年來吳服屋（即和服店）對我來說，一直是令人好奇的神秘世界，平常只有在大河劇裡能採知一二。

和服的日文漢字是「着物」（KIMONO），本來是明治時代相對於西方洋裝的本土服裝統稱，起源於一千多年前的奈良時代，如今大家熟悉的和服樣式，則是延續江戶時代的款式設計。總店位於京都的京吳服ゑり善（品牌名唸作ERIZEN），在日本和服業界高居先驅地位，此次能登門採訪實感榮幸。

為人真誠大度的社長在見面時表示，他從我寄給他的採訪信件中感受到我的熱誠，因此特別排出時間接受訪問。一般來說，台灣人不太會購買和服，即使我信中強調採訪和出書能為其品牌做宣傳，但其實對增加營業效益很有限，因此對他願意撥冗接受採訪，內心格外感謝。

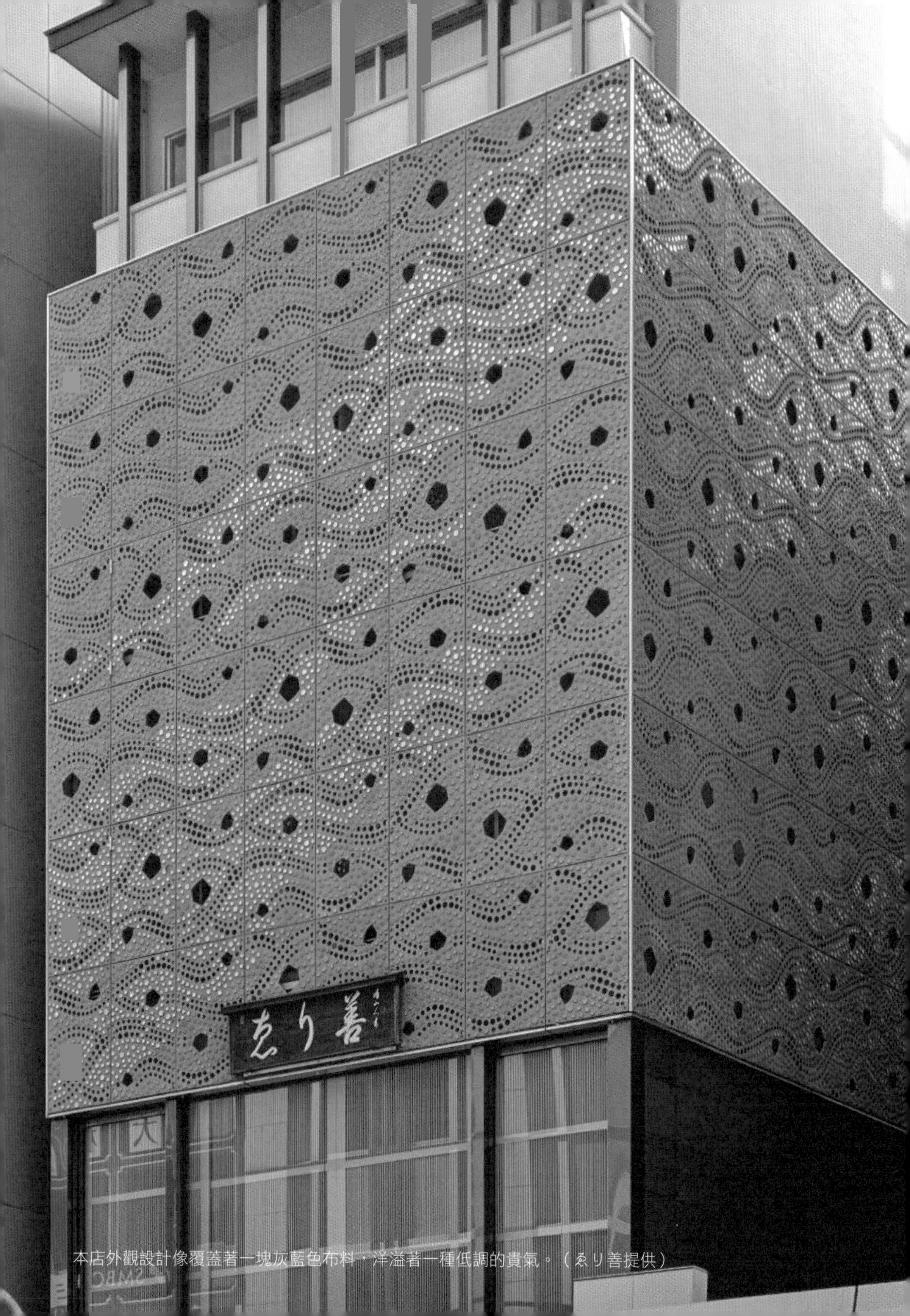

本店外觀設計像覆蓋著一塊灰藍色布料，洋溢著一種低調的貴氣。（ゑり善提供）

ゑり善往昔的店舖畫像。（ゑり善提供）

這本「半襟」是ゑり善珍藏的古籍。

除了面對面現場採訪，返台後下筆時又想到不少問題，不得不寄出電子郵件請益，原本擔心信件往返會不會造成打擾，但社長總是快速又詳盡地答覆我的提問，讓我深深感受到老舖的與人為善作風，完全如其品牌名。

ゑり善愛好，老舖專有的高人氣名詞

創業於天正十二年（西元一五八四年）的ゑり善，最初是製作半襟（可拆下洗滌的和服衣領）與和服相關小物的店舖，店名前半「ゑり」是襟的日文平假名（發音ERI），ゑ是え的古字，而「善」是來自創業者山崎善助之名，日文唸作ZEN。ゑり善在明治時代相當繁盛，店名還曾出現在文豪夏目漱石與幸田露伴作品中。大正到昭和初期，由於ゑり善商品製作精良，甚至包含細緻刺繡，不只在京都大有人氣，還銷售到全國各地。

二戰期間由於物資不足與協助戰爭之故，山崎家族逐漸處於休業狀態，戰後由龜井家族併購，但店名仍繼續沿用ゑり善。第一代龜井由兵衛商品仍以半襟與和風小物為主，並於一九四七年成立ゑり善株式會社。第二代店主龜井辰次郎成為社長之後，才開始發展和服，即使這時期半襟已從華麗裝飾，轉變為白色質樸風

本店有和室讓客人慢慢選購。

格，只有ゑり善依然保有刺繡等傳統的高度技術，並將其運用在和服與腰帶等商品上，創造出獨一無二的風格。

因為受到各地消費者的青睞，一九五一年他們在東京本鄉成立辦事處，再於一九五七年在東京銀座開設分店。由於龜井家族善於經營，才有如今ゑり善的繁榮面貌，目前傳承到第五代社長龜井彬。

社長表示三十年前京都人每天都還穿著和服，尤其參與茶道、花道、樂曲與戲劇表演等活動時，更需要穿著正式和服，當時各城市都有和服店，可說是和服產業的全盛時期。而發源自京都、正統日本和服ゑり善的商品特色，就是不拘泥於古典，並帶有華麗感，但他們的和服設計不只追求讓人耳目一新，而是希望能在整體上突顯出穿著者的氣質與品格，為了肩負傳承的重責大任，老店的師傅們活用現存的和服製作技術，再以最合理的價格提供給客人，綜合以上這些要素創造出「ゑり善愛好」，這是老鋪專有的高人氣名詞，也是品牌融合傳統、歷史與信賴的根基。

①本店二樓和服展示間有一半是榻榻米設計。
②這種黑色和服是參加喜事穿的。
③本店一樓美麗櫥窗吸引人駐足欣賞。
④ゑり善是擁有日本和服業界先驅地位的京吳服屋。

不張揚的經營風格反而贏得尊敬

ゑり善京都本店位於四条河原町，舊店屹立了五十幾年，在二〇〇八年剷平後，自行建造為五層樓建築，在和服產業界可說極為罕見，也足以看出ゑり善的財力。外觀設計為黑底，覆蓋著一塊宛如灰藍色的布料，洋溢著低調的貴氣，在這個熱鬧的商業區裡，散發出堅定高尚的存在感。而店內裝潢古典雅致，讓人一走進去就感覺來到一個和風殿堂。

身段柔軟的社長年紀雖輕，卻非常擅長領導員工，京都本店除了厲害的店長以外，雇有約十位頂尖業務，其中包含幾位五十世代。他們每天在外面衝鋒陷陣，載著裝在木盒裡的高雅和服，親自送到客人府上，長年透過這種和服界稱作「外商」的方式，鞏固了ゑり善的生意根基。

除了京都與東京兩家店舖，ゑり善於一九七一年在名古屋開設第三間分店，社長每個月必定親自巡視這兩間分店，每次前往都待幾天，對於開發新客人與維護常客不遺餘力。有別於不少和服品牌為了增加知名度，會出借和服給雜誌拍照，或提供給連續劇與電影拍攝所需，但社長一直婉拒這種邀約。

他強調因為ゑり善不少布料都只有一疋，很珍貴，如果出借之後，這些不是新品的布料已無法再賣給其他客人。因此社長堅持要把所有布料保留給客人，這種以客為尊的理念，贏得了客人的信任，另一方面，也顯示ゑり善業界先驅的地位，不需要這種浮泛的宣傳。

既然身為老牌和服店，我直覺問社長，天皇家族與歌舞伎知名演員也穿ゑり善的和服嗎？社長馬上表示無法透露客戶訊息。不像一般品牌商家只要哪位名人消費過，馬上大肆宣揚當作免費廣告，但我覺得ゑり善的不張揚風格，反而更讓人信任尊敬。

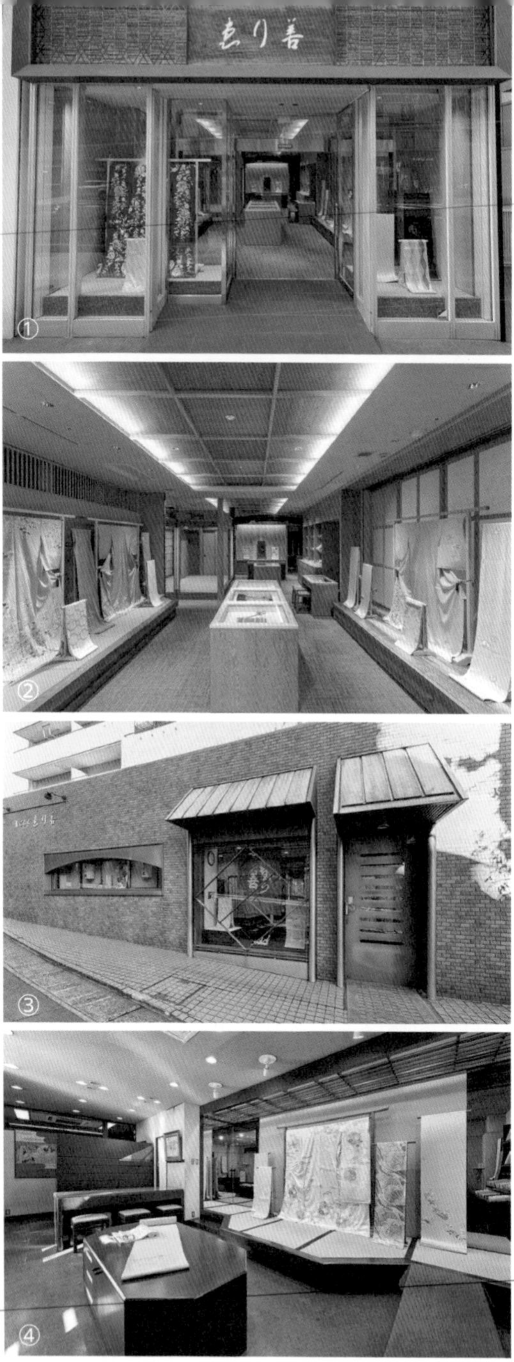

①ゑり善銀座店外觀。
②關東地區客人可去銀座店購買。
③ゑり善名古屋店外觀。
④名古屋店內部。
（本頁照片為ゑり善提供）

精緻商品來自上等布料與職人技術

為了與一般和服品牌做出區隔，ゑり善在布料的開發上不遺餘力，長年邀請幾百位傳統工藝師設計全日本唯一的獨家布料，比如擅長金彩的荒木泰博，設計的特殊花紋布料格外高雅細緻，佐證老店品牌資產的豐富。ゑり善每個月都在三店鋪與外面租場地舉辦新品展示會，原創性對於鞏固常客的忠誠度大有助益，客人穿他們家的和服出去，不可能發生撞衫情況，這一點讓品牌更受到高級貴客的信任與喜愛。

採訪時參觀了ゑり善京都本店的一、二樓，為數不少的木櫃上，擺著至少幾百疋捲起來的布料，以及十幾件正式掛起來的美麗和服，讓人看得目不轉睛。ゑり善平日採購布料往來的廠商有幾百家之多，品質優良的布料，價格從二十多萬至八十萬日圓不等；店裡也有由名家編織的精品等級布料，價格從兩、三百萬日圓起跳。

ゑり善在布料的開發上不遺餘力。
（本頁照片為ゑり善提供）

二樓展示著昂貴的華麗和服。

母親可買正式和服，再傳承給女兒。

通常客人來到店裡，先挑選布料，再量尺寸，製作時布料裁成八塊予以縫製，但不因身材高矮而把布裁短（這是古時候大和民族的惜物精神，一路沿襲到現在，尤其絲綢布料來自於珍貴的蠶吐絲，裁剪丟掉太可惜了），而是配合身體曲線縫到腰部內側，所以即使母親嬌小，其和服也可以傳給個子高的女兒。訂製時除了布料費用，還要再加收三萬至十萬日圓的縫製費，由此可見，能夠購買和服的人經濟條件必定不錯。

ゑり善的商品除了主力和服（百分之九十五是女性客層，也有男性與孩童和服），夏天也販賣浴衣，還有搭配和服的腰帶、足袋（日式布襪）、木屐、手拿包、衣領、風呂敷（大布巾）、布袋、名片夾、領結等其他商品。每年也會製作應景的生肖裝飾物，店內始終洋溢著豐富多元的生命力。對台灣人來說，如果預算夠，又想收藏一件正式的京和服，當然要在ゑり善仔細挑選，絕對能夠滿意而歸。不買和服的人，來到店裡也一定要買一條手帕、手拭巾或圍巾帶回家，這些精緻小物的價位從四百、六百到一千多日圓不等，畢竟入寶山可不能空手而回啊！另外，ゑり善每年都會推出象徵吉祥的生肖圖案毛巾，一條不到八百日圓，這些商品的圖案都設計優美，可當作來京都旅遊的一個美好紀念。

優雅的商品令人看了舒服。

銷售上以春秋兩季為旺季，像四月為開學時期，日本很多母親要穿和服參加子女的入學式。特別的一點是京都有不少人就是喜歡天天穿和服，也有人每週必穿一次，還有人參加茶會時必著和服，加上京都至今仍有不少料亭、溫泉旅館女將與舞妓，在工作上都需要穿和服（意外的是來自這些女性的生意只佔整體的二成），造就了京都和服市場的蓬勃需求。

基於地球的永續發展目標（Sustainable Development Goals），ゑり善除了販賣新和服，也希望客人衣櫃裡的ゑり善和服能夠物盡其用，而提供修改服務，比如把父母親的和服修改為兒女的，或者把和服褪色變舊部分更換為內側還新的布。另外在ゑり善購買的和服也可以交給其洗滌，依髒污程度多寡收取不同費用。

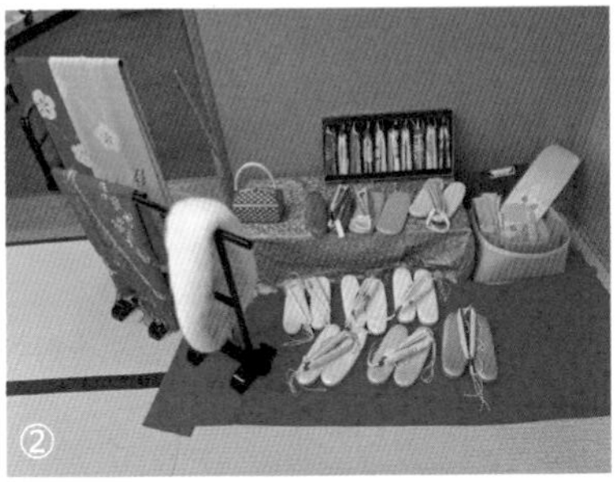

①穿和服時，不能缺少美麗的布製提包。
②店裡也販售與和服搭配的拖鞋與配件。
③買便宜的手拭巾與領結作個紀念。
④每年推出的生肖毛巾很討喜。（ゑり善提供）

①本店也有販賣男性浴衣。（ゑり善提供）
②本店商品最齊全，也包括女童和服。（ゑり善提供）
③現任社長龜井彬。

第五代社長一心守護和服王國

社長表示父親（即會長龜井邦彥）深知經營規模日漸變小的和服生意並不容易，因此從來不曾要求他繼承家業。但他對這個從小看到大的家族事業有很深的感情，覺得如果在他這一代手上結束，實在太可惜，於是，在東京的IT產業工作四年後，毅然在二〇一三年返回京都，進入ゑり善任職，磨練多年終於得到父親認可，於二〇二一年九月升任社長。

社長只要工作時，與父親以前一樣都會穿著和服，是標準的活招牌，溫文儒雅的氣質宛如江戶時代的文人。日本人現在的穿著愈來愈西化，我覺得實在很難找到比他更適合穿和服的人了。而且個人工作上認識不少日本社長，從來沒有一個人像他這樣謙虛自然。

走過疫情期間一段生意低迷期後，去年夏天開始，生意慢慢回復，證明了ゑり善的一流信譽主要來自常客的支持。當我問到公司的未來願景時，社長表示很想成立一個讓人輕鬆享受穿和服、學習相關知識與聚會的場所，他覺得這對日本社會來說有其必要，尤其在傳統文化底蘊深厚的京都，希望再過五十年，街上依然可以看到不少人穿著和服。

女性和服名稱款式多

振袖是未婚女性的正式和服。

振袖日文唸作 FURISODE，是未婚女性的正式和服，特色就是色澤多彩艷麗，袖子很長（振在日文裡是揮舞之意）。

結婚時穿的一身白和服叫做白無垢，已婚女性的和服則稱為禮裝（REISOU），還分為黑留袖、色留袖、訪問着、色無地與付下等，畢竟古早人婚後時間要比婚前長，依不同場合需要選擇不一樣的和服。

本店

| 電話 | 075-221-1618
| 地址 | 京都市下京區四条河原町御旅町 49
| 時間 | 10:00 ～ 18:00（週一休）
| 網址 | https://www.erizen.co.jp/

薰玉堂本店外觀莊嚴貴氣，充滿京都古風。

24

薰玉堂

日本最古老的御香製造所

台北兩大寺廟龍山寺與行天宮已禁香多年，香火鼎盛、香煙繚繞的景觀不再。但在日本，情況卻完全不同。佛教自西元五三八年由中國傳至日本，寺廟開始用香，製香技術也在之後的唐化運動傳到東瀛，由於神社寺、廟數量眾多，講究依照傳統禮法焚香，使得香火長年鼎盛。

約九十年前日本民間也開始起享受香味的習慣，不少人喜歡在家點一炷香以沉澱心情，造就出焚香的消費市場規模，連帶也讓日本製香產業至今仍然興盛。現在製香可以說是兼容宗教意義與香氛藝術的一門產業。薰玉堂（KUNGYOKUDO）是日本歷史最悠久的

薰玉堂走過四個多世紀。

香舖，我相信老舖自有其傳承之道，在品牌經營行銷上必有值得學習的地方，因此積極爭取採訪，沒想到薰玉堂不但允諾我的採訪請求，還由社長夫人親自接待解答，倍感榮幸。讓我們一起好好了解這間人瑞級別的製香所，是如何走過四個多世紀的吧！

承天庇佑又秉持家訓經營

很多人只知道日本茶道與華（花）道有名，其實香道與前二者並稱為三大藝道，可見其在日本傳統技藝中的地位。

薰玉堂於安土桃山時代文祿三年（西元一五九四年）由負野理右衛門以漢方藥材商創業，他自幼對香感興趣，致力於沉水香木鑑定與香材研究，後來從事香的相關產品生意，開始販賣製香給全國各宗派的本山（總寺院）與寺廟，奠定了薰玉堂的品牌根基，目前社長負野和夫為第二十二代。

薰玉堂京都本店位於西本願寺對面，自創業以來不曾搬遷，即使經過二次世界大戰，也不曾遭受一絲毀損，實在承天庇佑。建築物於三十年前改建，這是當時前任社長獨排眾議的決定，設計極為莊嚴貴氣，個人覺得很有京都古風。由於使用天然建材，外觀經過歲月洗禮，反而更讓人玩味，樣貌延續至今，也完全能符合時代潮流，不得不佩服前任社長的先見之明。

①本店大門外香爐。
②明治時期薰玉堂。
③昭和初期薰玉堂。

薰玉堂所處環境氣氛相當靜謐肅穆，附近商業店舖很少。個人平常多少相信有風水這回事，這回來到這一帶，直覺為非作歹的人一定不敢到這個地區造次。

很好奇這樣一間四百年的老舖，是否有家訓傳承？社長夫人表示薰玉堂重視的價值觀與行動規範，包括品格、積極、感謝、誠實、謙虛、盡善、成長、自豪與夢想。而對工作秉持用心、自信與效率的態度，已內化到員工的教育中。以我和社長夫人的互動為例，每次我去信詢問，社長夫人總是很快就仔細回覆，讓我體悟到真誠的教養，與薰玉堂的品牌壽命源遠流長應該密不可分，更對這家老舖肅然起敬，其實正可以說明是這些家訓造就了傳承。

①展示櫃裡的香。
②薰玉堂商品包裝典雅，也適合送禮。
③進口的各種製香原料。
（薰玉堂提供，中島光行攝影）
④珍貴的沉香原料。
⑤焚香需要的道具。

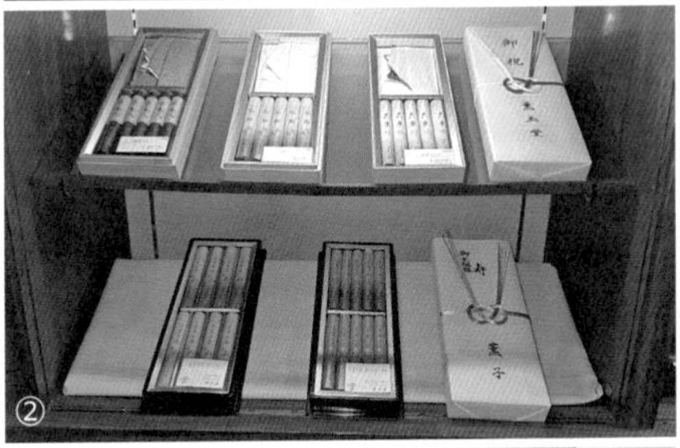

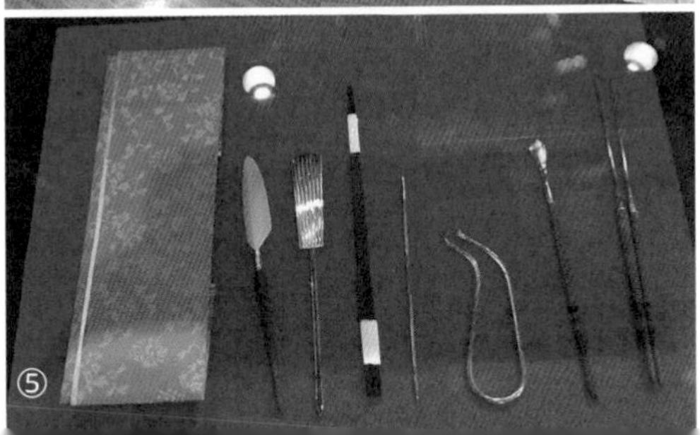

發展豐富多元的商品陣容

走近京都本店大門約一、二百公尺處，已經可以聞到香味，薰玉堂產品之優良可見一斑。本店一樓販賣供奉佛的相關商品，包括稀有香木、香塊、線香與蠟燭等進香物；二樓陳列販售日常生活燃香道具，如陶瓷香爐、香台、香袋等，以及和風雜貨與 2016 LINE 新商品，品質當然極佳，而且服務人員態度誠懇親切，購物體驗十分愉快。

我好奇香有沒有賞味期限？社長夫人表示沒有，由於產品總是很快賣完，根本沒有

薰玉堂 LOGO。（薰玉堂提供）

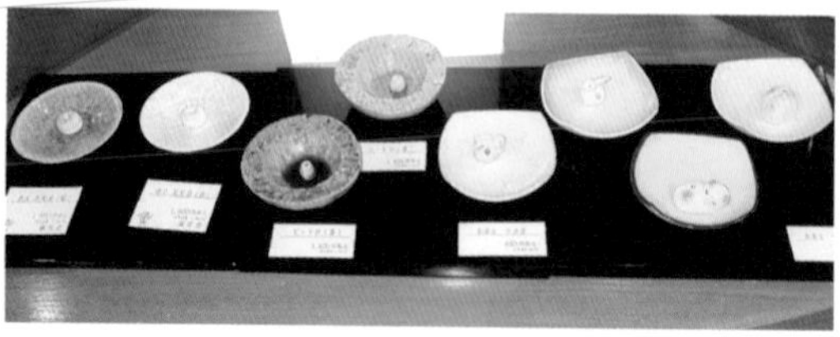

日本人稱點香盤為香立。

庫存問題，因此從來不需要打折。一樓深處還陳列了一株大白檜木，正是頂級香的原料，一直當作鎮店之寶守護著薰玉堂。

薰玉堂的品牌標誌是一個香爐，香的商品發展極致、豐富多元，常見形狀包括：一根根線香、漩渦狀除蟲蚊香與圓錐狀等，還有粉狀與塊狀。有意思的是香塊商品命名很文雅，包括沉薰、淨蓮、紫藤、歡喜、瑞光、奇南、永法、圓德等，全部都是秤重計價。

來看看整體商品價格，從最便宜四百日圓左右的香味和紙書籤、五百日圓的三入除蟲香，到一公克十二萬日圓的昂貴精品級香木伽羅都有，陣容琳瑯滿目。如果打算送香給親友，可選購兩、三千日圓至一萬多日圓的禮盒，高尚合宜。由於香木等原料是伴隨著佛教傳入日本，日本無處採集，始終依賴進口，薰玉堂從越南、中國、印尼、尼泊爾與印度等地進口香材之後，在工廠加工製造，製成成品大約需要兩、三個月時間。

薰玉堂的商品包裝素淨典雅，不同顏色代表不同香味，精緻多元的面貌讓人覺得不愧是業界先驅。日本人天性細膩挑剔，無論生產哪一種商品，就是要如此精益求精、追求極致，並且仔細分門別類，才覺得徹底滿足，放眼日本其他產業，也幾乎都有類似軌跡可循。

①二樓陳列的龍形沉香木。
②昂貴白檜木為鎮店之寶。
③④店內販賣不少香的周邊商品。
⑤小巧聞香爐適合在小空間使用。
⑥帶著香味的薰箋（便條紙）有多種典雅圖案。
⑦二樓有不少造型美的香爐。
⑧佛事用「華葩」是以和紙做成蓮花花瓣，一般人當作書籤也不錯。

客戶以本願寺爲主

至於薰玉堂的主要客戶為何？社長夫人一開始告訴我，主要來自本願寺。因此先帶大家認識一下這位「大客戶」。

淨土真宗是日本信眾最多的教派，乃鎌倉時代由親鸞開創的佛教宗派，最初總寺院為一二七二年所建的大谷本願寺，歷經多次戰亂遷徙，於一五九一年獲得豐臣秀吉支持而遷至京都。後來寺廟爆發繼承紛爭，本願寺於一六〇二年分裂為東與西兩大體系，從初期的對立狀態，經歲月之河推移至今，兩造之間也有交流。

淨土真宗目前旗下分為十幾個教派，最具代表性的兩大派，自然是以真宗大谷派為本山的東本願寺，以及以淨土真宗本願寺派為本山的西本願寺。東本願寺旗下約有八千九百間寺廟，西本願寺旗下約有一萬零五百間寺廟，數量眾多。日本宗教界歷史悠久，所謂寺社神閣組織成員複雜（不在本篇討論範圍），像知名的靖國神社、伊勢神宮、平安神宮等是不屬於本願寺體系的其他勢力。

經我再三懇切追問，社長夫人才透露他們的主要客戶來自全國五千多家寺廟，由此可知每年香的訂購總數相當可觀。就算疫情肆虐那幾年，也不至於影響生意過鉅，反而因為居家防疫，不少人上門買香回家點，焚香飄送以求沉澱心情，意外創造出一批新客戶。

八種顏色的印香很美麗。

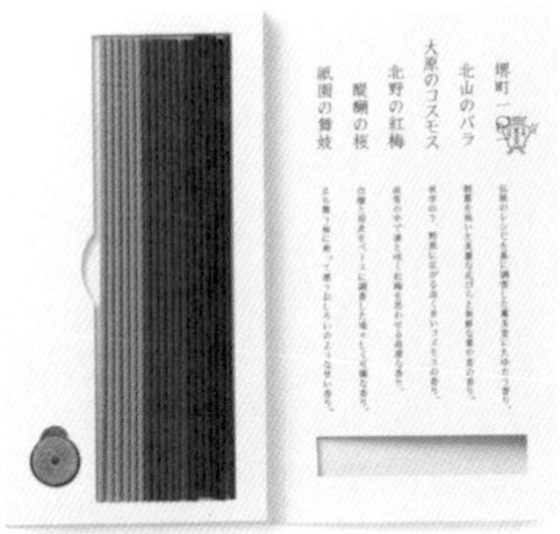

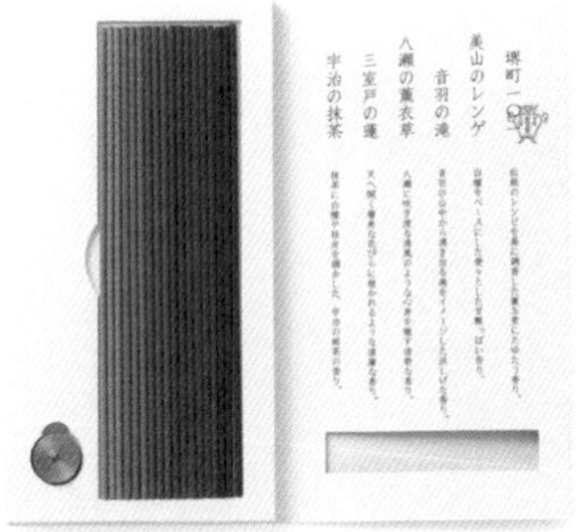

入門者適用的香組合。

新系列商品也包含香精。

帶有香味的文香可放入信封寄給友人。

（本頁照片為薰玉堂提供）

隨時代趨勢開發新系列商品、分店與異業合作

到二〇二四年，薰玉堂已創業四百三十年，可以說充分通過時代洪流考驗，非常清楚守護傳統之餘，迎向新時代挑戰的創新應變也同樣重要。除了堅守主業製香，他們現在也配合時代趨勢與消費者需求，針對香的綜合品牌定位進行改革。

改革過程由社長夫人企劃出香味概念後，與公司裡擁有二十年經驗的製香職人討論，需要不斷調整香的配方，試作多次才能定案。於二〇一六年推出新包裝線香**2016 LINE**，香氣多元選擇，包括醍醐寺之櫻、音羽瀑布、北山玫瑰、大原波斯菊、八瀨薰衣草、北野紅梅、三室戶蓮花、宇治抹茶等二十五款香味，價格從近兩千日圓至八千日圓不等，買回家的客人點燃線香之後，空間裡飄送出花卉的清香。

另外，公司還擴大產品線，推出嶄新的系列商品，包括使用天然原料製造香皂、護手乳、香氛蠟燭、精油與沐浴鹽等香氛用品，這些主要針對一般消費大眾開發的商品，為薰玉堂增添了新氣象。

特別是蠟燭商品系列，活用老舖調香知識與純熟技巧，模擬出平安、室町、安土桃山、江戶與現代一共五個時代的氛圍，讓人感到耳目一新。像平安時代是以貴族生活為形象，調製出櫻花白粉香味；而安土桃山時代則是以豐臣秀吉時期的活力為形象，調製出麝香的香味，實在很有意思。簡潔洗練的包裝由知名設計師水野學操刀，

為商品增加不少魅力。推出之後銷路非常好，目前約佔營業額的一半，證明薰玉堂的品牌活化很成功。

薰玉堂目前在京都、大阪與首都圈共有六間店舖，二〇一八年在東京開設新店舖，五店舖定位與京都本店不同，除了可選購 2016 LINE 線香等商品，還舉辦調香體驗工坊，客人可調製屬於自己香味的香袋，同時也販賣薰玉堂精選的其他公司香水與護髮商品。

①

②

③

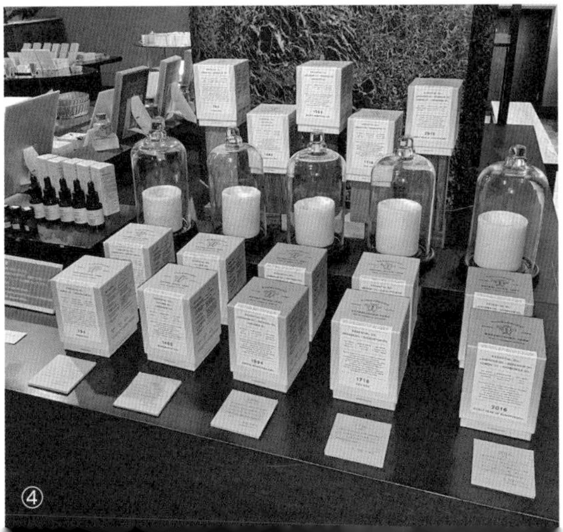
④

①日本蠟燭與華人地區蠟燭形狀不同。
②有組合禮盒可選購。
③新包裝線香 2016 LINE，香味有多種選擇。
④香氛蠟燭味道清香。

①京都有另一家寺町店。
②大阪心齋橋 PARCO 也有分店。
③東京 KITTE 丸之內店。
④東京 MIDTOWN 店裝潢以黑色為基調。
⑤橫濱 NEWoMan 店。
（本頁照片為薰玉堂提供）

雖然貴為製香產業的先驅，薰玉堂也懂得開放心胸與其他品牌交流，二〇一九年與THREE美妝美髮保養品牌合作，接受對方委託製作精油線香，推出包括舒適、提神與點綴三種風格的產品，深獲好評。薰玉堂秉持自身精益求精的卓越經營理念，又懂得與時俱進吸收新觀念，才能創造企業的永續繁榮，讓品牌格局日益茁壯。

對於未來的願景，社長夫人表示希望有朝一日能夠在紐約與巴黎開設分店，薰玉堂對於製香充滿堅持與熱情，而且商品擁有極佳的信譽與口碑，相信這個將香味傳達到世界的願望一定會實現，薰玉堂的香肯定會流芳萬世。

如何聞香

既然來到香界先驅本店，當然要請教正規的聞香方法。

除了最簡單的點燃一炷香立在香台上，較講究的人首先在香爐裡放入灰，再把點燃的炭團置於灰上面，或者半埋在灰裡，等灰溫熱之後，於炭團周圍放入香木，香木遇熱就會飄出香味。也有人使用體積較小的聞香爐近距離嗅聞，上述操作方式一樣，再將聞香爐放在左手掌上，再以右手蓋上，聞著從縫隙飄出的香味，喜歡香的人會感覺內心得到放鬆療癒。

本店

‖電話‖ 075-371-0162

‖地址‖ 京都市下京區堀川通西本願寺前

‖時間‖ 9:00 ～ 17:30（年末年始 & 每月第一、第三個週日休）

‖網址‖ https://shop.kungyokudo.co.jp/

25

吉田源之丞

工藝境界的佛教用品世界

日本與佛教的關係淵源深遠，自飛鳥時代（西元五百多年）從中國傳入後，至今香火鼎盛，以系譜來說，分為南都六宗、平安二宗與禪。全國大小神社寺廟高達七萬多座（供奉佛像約三十萬尊），尤其以京都密度最高，相對地造就出佛壇佛具等物品的巨大需求，相關店舖不少，其中吉田源之丞（YOSHIDAGENNOJO）就是首屈一指的老舗。

創立於元龜三年（西元一五七二年）的吉田源之丞，目前傳承到第十五代，繼承大佛師的稱號，累積四百多年的專業知識與製作經驗，得到各宗派總本山（統轄各寺的總寺院）的信賴而成為御用品牌，長年提供最高品質的佛教用品。商品包括佛像、佛壇、牌位、念珠等，佛像分為如來、菩薩、明王與天部四種，在日本以木頭製為主，製作一尊大型佛像，至少需上漆五、六次，所需時間長達一年。而念珠有水晶、象牙、琥珀、珍珠、珊瑚、木頭、寶石等材質，一串共有一百零八顆，據說是人類煩惱的數量。

吉田源之丞製作販賣的京佛具屬於精緻工藝品，也是一種文化財，曾經在九州國立博物館以「京佛師傳承的世界」為主題，展出一百尊佛界神仙，個個造型或莊嚴或威武，充滿能量，都是佛師（製作佛像佛具的職人）的精心傑作。吉田源之丞商品不只寺院認同，一般家庭也適用，同時提供修復服務，視狀況收取幾千日圓費用。佛教信仰只要在世上流傳，代表吉田源之丞的生意永遠源源不絕，老舖最初選擇什麼產業，冥冥中也注定了命運。

本店

｜電話｜ 075-221-4642
｜地址｜京都市中京區三条通寺町東入石橋町 23 番地
｜時間｜ 11:00 ～ 20:00（無休）
｜網址｜ https://gennojoe.jp/

26

雲母唐長

日本唯一的極致和紙老舖

由於從學生時代就喜歡收集紙製品，加上熱愛日本文化，很早以前就注意到優雅美麗的和紙存在。不過追溯源頭，其實製紙技術是從中國唐朝時期，隨著遣唐使傳入日本，因此稱為唐紙。最初數量有限，只拿來撰寫佛經與詩歌。製紙技術普及後，日常生活會使用於拉門、紙窗、屏風、燈罩、文具等，用途相當廣泛，而雲母唐長（KIRA KARACHO）就是非介紹不可的京都和紙老舖。

創立於寬永元年（西元一六二四年）的雲母唐長，是日本現存唯一的唐紙製造商，獨特之處在於上面的文樣（花紋），自古以來這些花紋就具有消災解厄、子孫圓滿、商賣繁盛等祝福意涵，取自神界意象、花鳥風月、龍虎鹿鶴與幾何符號等，變化相當多元。由於雲母唐長和紙品質極為優良、圖案古典雅致，被其吸引的客戶不少，包括旅館、室內設計業者、商業設施與藝術界等。像京都古今烏丸（COCON KARASUMA）商場建築物上的雅致花紋，就是雲母唐長的天平大雲文樣，這個運用是來自建築大師隈研吾的巧思。雲母唐長也曾受到法國精品愛馬仕（HERMÈS）的邀請合作，推出兩款有著美麗花紋封面的筆記本，在京都祇園分店獨家販賣兩千本，很快就售罄。

時代日新月異，如今許多產業都必須與科技結合才能存活，但不可思議的是手工製作唐紙的方法卻四百年來不變，需要的工具就是木版、布、刷子、顏料與和紙。雲母唐長雖然也曾遭遇祝融災害，難能可貴的是至今仍保存創業時留存下來的六百塊木版，上面的花紋是職人以手工雕刻出來的，憑藉這些鎮店之寶才能印製出各種不同的和風花紋，以及後來再雕刻的五十五塊進化文様木版。

雲母唐長曾經榮獲日本傳統文化振興賞與旭日雙光章等獎項，肯定其長年傳承文化的貢獻。雲母唐長特別成立修學院工房，讓人體驗手製和紙的樂趣，下次去京都，我很想試試看。

本社

｜電話｜ 075-873-2565
｜地址｜ 位於嵯峨地區，不公開
｜時間｜ 完全預約制（週二、日 & 假日休）
｜網址｜ https://kirakaracho.jp/

27

細尾株式會社

世界唯一的西陣織殿堂

人要穿衣蔽體，布料與人的關係永遠不可能切割，和服是日本的傳統服裝文化，而西陣織是最頂級的絲綢織物，造價不菲的西陣織和服，在過去只有皇室貴族負擔得起。創立於元祿元年（西元一六八八年）的細尾（HOSOO）株式會社，不僅是日本歷史最悠久的西陣織京都老舖，也是肩負日本傳統織物文化的要角。

為了展現西陣織工藝的悠久歷史與豐富面貌，以及向世界宣揚這項傳統織物技藝，細尾株式會社特別花費鉅資於二〇一九年成立了五層樓的旗艦店，不只展示老舖最具代表性的西陣織傑作，建築物本身也是工藝的極致展現。一樓是見識細尾西陣織殿堂幾百年織物面貌的重頭戲，展示西陣織代表性商品如和服、家具、簾幕、靠墊與鞋子等，全都由技術高超的職人所製造，喜歡的話可到官網預購；此樓後方設有LOUNGE CAFÉ，可享用飲料與季節限定甜點。

二樓規劃為藝廊，舉辦從藝術、設計、工藝與科學等多角度企劃的展覽，比如「美麗的布」特展，是社長走訪全日本三十多個布產地的過程，除了展出美麗細緻的多種紡織品，現場也播放相關影片，讓人見識到日本優秀職人付出無限心血創作的結晶。三樓 SALON 為常客會員才能進入，展示由日本人間國寶、染織藝術家與工坊創作的頂級工藝品。五樓 HALL 是多功能空間，比如舉辦招待貴客的餐會等。

這間西陣織旗艦店不只是日本第一，也是世界唯一，喜愛日本傳統文化的人千萬別錯過這座寶庫。

西陣織旗艦店

｜電話｜ 075-221-8888
｜地址｜ 京都市中京區柿本町 412
｜時間｜ 10:30 ～ 18:00（假日 & 年末年始休）
｜網址｜ https://www.hosoo.co.jp/

28

玄妙庵

美景盡收眼底的頂級溫泉旅館

日本境內有兩千多處溫泉勝地，全國大概有一萬多家溫泉旅館與設施，溫泉、住宿與料理是構成溫泉旅館魅力的三大要素，如果位於天然景觀優美的地方，那實在是得天獨厚。位於京都府宮津灣的玄妙庵（GENMYOAN）旅館就深具代表性，因為擁有舉國知名的天橋立。

天橋立其實是海灣上一個三點六公里的長條狀沙洲，遠看猶如通往天上的一座橋，名字因此而來。本來鳥瞰藍藍海水上有八千株黑松的天橋立已是美事一樁，行程通常是搭船遊海灣，最奧妙的是若爬至高處彎下頭倒著看，會變成彷彿一條龍在天上飛舞般的奇景，所以與松島、宮島並列為一生必去的日本三大絕景。

創立約三百年的玄妙庵，建造在八十公尺的山腰上，民藝風格的建築物古色古香，還為十七間房取了很優雅的名稱，如蓬萊、皎月、壽石、喜久、如意等，每間和室都裝潢得古典雅致，連天皇也曾來住宿。最愉悅的是一抬頭，就能看見美麗的天橋立或海灣，讓人深感心曠神怡。玄妙庵對料理很講究，特別針對四季安排符合當季的美味佳餚，像春天的 ISAZA（一種琵琶湖特有的帶卵蝦虎魚）、夏天的厚肉鳥貝、秋天的松茸栗子與冬天的松葉蟹，讓客人在不同季節前往住宿，都能品嚐到不一樣的可口料理，這也是經營的智慧之一。

玄妙庵有「龍宮之湯」與「浦島之湯」兩個泡湯池，都可飽覽美麗的天橋立景色，海空連成一片的開放遼闊感，四季各有不同風情，是讓喜愛玄妙庵的顧客最醉心之處。只能說創業者獨具慧眼，搶得先機在此建造了玄妙庵，成為天橋立地區永遠無法被取代的頂級旅宿。順道一提，這樣完美的溫泉旅館住宿費，因不同時間與房型，一泊二食要十幾萬至四十幾萬日圓，想體驗的人，除了荷包要滿，還必須盡早預定。

日本不少歷史悠久的溫泉旅館都很有價值，但由於不懂如何因應時代趨勢與消費者需求去革新經營策略，多年來數量一直在減少當中，這是非常可惜的事，尤其台灣人熱愛溫泉旅館，只能祈禱它們別繼續消失。

玄妙庵

｜電話｜ 0772-22-2171

｜地址｜ 京都府宮津市字文珠 32-1

｜網址｜ https://genmyoan.com

29

大石天狗堂

守護京之雅的傳統紙牌屋

人活著總要有些娛樂，就像西方人喜歡玩撲克牌，日本人也有自己的紙牌，即所謂歌留多（KARUTA）牌，十六世紀從葡萄牙傳入，再轉變為日本風格紙牌，最初為宮廷遊戲，從江戶時代後期開始盛行於民間，是過年會玩的一種紙牌遊戲。歌留多牌一共有百張，代表為小倉百人一首（即從傳統和歌選出知名的百首），每張上面印製有歌人肖像、作者與和歌，要懂得其中奧妙才會玩，是需要素養的雅興，而大石天狗堂（OISHITENGUDO）就是製作歌留多牌的京都老舖。

大石天狗堂創立於寬政十二年（西元一八〇〇年），明治時代曾獲得來自當時總理大臣伊藤博文的委託，製作傳統圖案的大型紙牌，可見其高超製作水準。大石天狗堂鑽研紙牌甚深，還推出浮世繪、源氏物語、花卉、動物、修羅場與妖怪戰爭等主題，也不時邀插畫家繪製嶄新圖案，一般商品價格從一千多日圓至一萬多日圓，由於製作精美，即使不會日文，拿來當書籤也不錯，尤其還「神隱少女」紙牌，怎能不收集。大石天狗堂也推出復刻版高價紙牌，像江戶巨匠畫家尾形光琳的畫作，每張牌四周以金箔點綴，再裝入桐木箱，包裝完全像精品一般，價格高達十三萬兩千日圓。

大石天狗堂除了紙牌，也製作圍棋、象棋與相關用具，對於開發新商品不遺餘力，也像故宮近年般朝文創方向發展，推出紙牌圖案的裱框畫、帆布袋、文件夾、自動鉛筆與貼紙等。同時也接受企業委託製作，比如為味之素株式會社製作社員教育用的調味料紙牌，多元創造公司營收。

小時候玩的大富翁其實來自美國，這幾年台灣桌遊頗為流行，但找不到像大石天狗堂這種性質的老舖。雖然不懂日本紙牌怎麼玩，但大石天狗堂製作保存代表日本傳統的紙牌，可說是一種思古的浪漫情懷，精神值得尊敬。

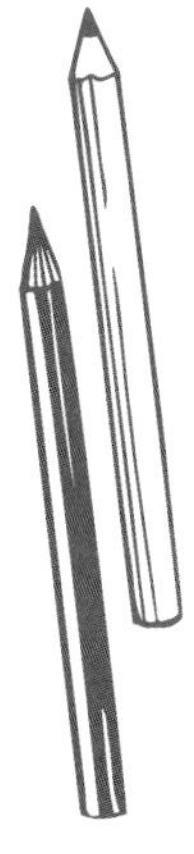

本店

║電話║ 075-603-8688
║地址║京都市京伏見區兩替町二丁目 350-1
║時間║週一至五 9:00 ～ 18:00、
週六 10:00 ～ 17:00（週日 & 假日休）
║網址║ https://www.tengudo.jp/

輯3

極致工藝

日本民族性細膩講究，做什麼都要求精益求精、追求極致，
加上職人技術優異精進，才會留下這麼多美好的傳統工藝。
當年從窯廠起家的朝日堂，
現在是日本首屈一指的京清水燒陶瓷器寶庫；
頂級手造茶筒專門店開化堂，以精湛工藝紅到歐美；
還有擅長竹製品的公長齋小菅，把竹子工藝發揚光大；
這些老舖的成功並非一蹴可及，而是經年累月的孜孜努力，
百年創業之路也非一路順遂，
但憑著一腔熱情，一路堅持，
終於走到了極致工藝之巔。

清水燒盤子變化多。（朝日堂提供）

30

朝日堂

日本首屈一指的京清水燒陶瓷器寶庫

一般而言，想成為一個著名的陶瓷器產地，跟當地產的陶土與釉藥密不可分，如果一個地方能採集到好的陶土與釉藥，那個陶瓷器產地通常就會出名，譬如日本的有田燒、信樂燒與美濃燒等。但是相對地，京都並沒有好陶土與釉藥可採，那麼一直享有盛名的京清水燒（陶瓷），究竟與日本其他地方的陶瓷器有什麼不同呢？

京都的強項在於它到江戶時代為止，都是藝術文化發展鼎盛的城市，擁有一流職人的良好製作技術。正因為當地沒有出色陶土，不得不從日本各地集結原料，放寬心胸選擇各地的優良陶土與釉藥、活用其特性而不受限的自由融合之下，反而創造出京清水燒陶瓷器的豐富多元面貌，產品色澤與美感格外突出，可說是「失之東隅，收之桑榆」的最好寫照。

平日裡我就有收集日本碗盤杯碟的嗜好，久仰京都清水燒陶瓷器名店朝日堂（ASAHIDO）的大名，這次決定進行京都老舖採訪計劃，二話不說立刻聯絡他們，非常榮幸朝日堂也很有誠意地答應接受訪問，圓滿我探訪老舖的夙願。

定位從窯廠轉變爲選品店

創立於明治三年（西元一八七〇年）的朝日堂，原本是生產製造陶瓷器的窯廠，由於產品多元細緻，屬於宮內省御用達，即能夠被皇室選用，店名由山階宮（一種官爵）賜予創業人淺井國順。由於最初產自京都清水寺門前，所以稱作清水燒，後來聚集愈來愈多

①美麗的清水燒茶壺。
②清水燒花瓶很耐看。
（本頁照片為朝日堂提供）

窯廠，此地生產製造的陶瓷器就統稱為京清水燒。

走過一百五十幾年的歷史長河，朝日堂也曾遭遇過大難，一九二三年關東大地震，造成東京分店倒塌，一九五七年由於漏電，導致朝日堂京都本店全部燒毀。即使意外打擊如此之大，朝日堂並沒有被打倒，憑藉著意志力堅強撐過去。

為了不讓每年日益減少的窯廠與工藝品蕭條，朝日堂肩負起鞏固傳統工藝的重責大任，他們以守護並宣傳發揚日本工藝職人技術為定位，致力於經營保存陶瓷工藝技術，並挖掘培養新工藝家的使命。現任社長淺井俊行是第五代，他表示京都一直都有很多國外觀光客到訪，朝日堂要持續傳達工藝品的細緻與獨有的精進眼光。

往昔朝日堂本店樣貌。（朝日堂提供）

昭和時期朝日堂本店樣貌。（朝日堂提供）

商品從一般和風小物到千萬日圓骨董

朝日堂京都本店共有地上兩層與地下室，商品以傳統和風工藝為主，內部感覺像一座博物館，一樓包含佔整體商品七成的陶瓷器，以及漆器、鐵器、玻璃細工、木製藝術品與布製品等，商品種類豐富多元，完全是一個和風物品殿堂。

二樓頗有台灣故宮的氣氛，陳列不少歷史悠久的高價陶瓷，非常古典雅致，格外耐看，充分洋溢京清水燒的不凡魅力。有一位大阪陶藝家吉見螢石的作品，是在方形黑色陶片上燒出書法字，極具創意且別致。朝日堂最昂貴的瓷器高達千萬日圓以上，屬於財力雄厚收藏家才能負擔的範圍，但一般人仔細瀏覽，也能感染到一種古藝術的洗禮。

①朝日堂本店典雅大氣。
②中間的瓷船要上百萬日圓。
③具古典氣質的清水燒碗盤。
④朝日堂細緻商品吸引人選購。

①華麗的和風仕女大花瓶。 ②朝日堂本店二樓風格典雅。（朝日堂提供） ③ 一整牆的陶瓷花器。

朝日堂的商品陣容堅強，不只重頭戲京清水燒，還精選日本其他地方的珍貴逸品，比如石川縣的山中塗漆器、富山縣的錫鑄物、大阪的天滿切子（玻璃）、岩手縣的南部鐵器與秋田縣的樺細工等。來一趟朝日堂，幾乎日本重要的代表性工藝品都可入手，喜愛收集日本精緻工藝品的人到此一遊，必定滿載而歸。

目前朝日堂的客戶，除了溫泉旅館、料亭、一般餐飲店以及有錢的收藏家之外，也有不少注重生活情趣的客人不時來朝聖，為的是採買或汰換平日用餐的整套餐具，包括茶壺、木製餐盤、葡萄酒杯、清酒瓷杯、湯碗、大小菜盤與筷子等，由於先經過朝日堂採購人員的篩選基準，在素材、型態、色澤、質感上融合得很好，擺在一起就具有一種和諧的美感，不得不佩服他們的經營功力。

①吉見螢石陶藝家作品在方形黑陶片燒出書法字，很有創意且雅致。
②二百多萬日圓的高檔大盤。 ③松竹梅銅香爐。

①朝日堂也販賣精選的玻璃藝品。（朝日堂提供） ②本店也有南部鐵器。（朝日堂提供）

來到朝日堂，我覺得還是購買京清水燒最有紀念性，包括馬克杯、抹茶碗、杯碟組或杯壺酒器等，由於店內經常推陳出新，不少器皿的進貨數目有限，售完就買不到了，因此消費者到店裡會遇到什麼商品，完全要看緣分；一旦看到喜歡的選品，下手切記快狠準，以免失之交臂。京清水燒無論素色調或雅致花紋，都帶著耐人尋味的獨特風格，價格從三千多日圓至兩萬多日圓，照自己預算選一個吧！

集中於清水坂的多元店鋪型態

朝日堂旗下一共有八間大小店鋪，京都就佔了六間，而且有五間店鋪全部集中在知名觀光勝地清水坂，走在愈來愈陡的斜坡、經過一間間傳統和風店鋪，益發增添想一探朝日堂究竟的心情。值得一提的是京都非常在乎維持都市景觀與提升市容，在日本各城市中特別注重細節，不只建築

①挑選個有趣筷架。 ②細緻的十二生肖漆器碗來自石川縣。

① ART SALON KURA 展示知名陶藝家與新銳藝術家作品。
② ART SALON KURA 展示作品日後可能增值。

物有嚴謹法規，對於店舖招牌的管理也格外嚴格，尤其是擺放位置、大小規格與表現形式（包含顏色）等，朝日堂的招牌被指定為京都市的歷史意匠屋外廣告物，也就是一種模範指標。

清水坂除了朝日堂本店，還有朝日陶庵、ART SALON KURA、音羽茶寮與茶寮器樂，每一處的定位都不同，這樣的安排規劃深具巧思。朝日堂附近的朝日陶庵可說是濃縮版的朝日堂，展示販賣的商品也是一時之選，不過風格比較現代，特別的是設有一個小陽台，陽台上擺放了桌椅，逛累的人可以坐下來欣賞一下附近景色。

ART SALON KURA 已營運十年以上，功能是展示知名陶藝家與新銳藝術家的作品，至今介紹過的陶藝家人數超過一百五十位，有些優秀的作者還展出過幾次。朝日堂持續挖掘具潛力的藝術家，喜歡收藏的人如果眼光與運氣好，可能買到日後能增值的佳作。

除了京都清水坂這些店舖，朝日堂多年前於東京也開設兩間分店，在銀座三越百貨與丸之內 PALACE 大飯店內，吸引高端客層，京清水燒的魅力讓朝日堂的名氣從關西擴散到關東。

①朝日陶庵入口。（朝日堂提供）
②朝日陶庵大門。
③朝日陶庵陳列有自身風格。
④ PALACE 飯店分店外觀。（朝日堂提供）

①音羽茶寮的湯豆腐御膳人氣高。　②音羽茶寮的便當料理豐盛。
③音羽茶寮的舞台蕎麥附九種小菜。（以上照片為朝日堂提供）

賞心悅目美味餐飲也是強項

為了讓客人購買陶瓷器之後，能有個歇腳用餐補充能量的地方，朝日堂還開設了音羽茶寮、茶寮器樂與利酒處336三間餐飲店鋪，讓人更有賓至如歸之感，實在是經營上的一個高招。

距離朝日堂不遠的音羽茶寮門庭若市，經常等待半小時才得以入內，菜單選擇頗多，比如附九種小菜的舞台蕎麥、京都有名的湯豆腐御膳、和牛壽喜燒御膳、鰻丼等都很有人氣，光看網路照片就令人食指大動。

我造訪音羽茶寮前，原本打算吃料理，無奈採訪時正逢盛夏中午，天氣太熱而沒什麼胃口，因此改吃抹茶口味的點心盤，包含蛋糕、麻糬、蕨餅、布丁、冰淇淋與小西餅，置放於黑色圓盤上格外雅致顯眼，服務生一端到面前就讓我驚艷，品質純粹的抹茶清甜香味令人難忘。音羽茶寮的菜單會隨季節調整變換，不過記得音羽茶寮晚上沒營業，想品嚐美食要把握時間。

①坐在音羽茶寮陽台欣賞美景與用餐，真是一大享受。（朝日堂提供）
②等待進入音羽茶寮用餐的人有美麗陶椅可坐。　③音羽茶寮的甜點盤超級美味。

茶寮器樂位於朝日堂本店二樓，是一處日本風格的咖非店，逛累的人可以入內享用簡餐或喝杯飲料。而利酒處336不只室內牆面貼著清水燒磁磚，酒壺與酒杯也都是清水燒，深具美感，是一間喝酒放鬆的和風小酒吧（PUB），能享用多種京都本地的美酒與醃漬小菜，不過距離朝日堂比較遠。

奠基於過去的良好信譽，走過疫情之後，造訪朝日堂京都本店的客人，如今已大致恢復昔日熱絡的狀況。未來這間京清水燒老舖，除了繼續發揚優異工藝技術，將更多好作品介紹給世人，同時也期待清水坂這個聚集世界各國觀光客的寶地，能號召更多各地旅人前來捧場。

①利酒處 336 室內牆面貼著清水燒磁磚，酒壺與酒杯也都是清水燒。
②利酒處 336 是一間和風 PUB。
③朝日堂未來繼續將優異工藝品介紹給世人。（以上照片為朝日堂提供）

本店

｜電話｜ 075-531-2181
｜地址｜ 京都市東山區清水 1-280
｜時間｜ 9:30 ～ 18:00
｜網址｜ https://www.asahido.co.jp

開化堂老舖外觀具質樸美。

31

開化堂

紅到歐美的日本頂級手造茶筒專門店

素來喜歡觀察國家與產業的關係，深信任何產業在哪一國發展成功，絕對與其國家政策、人文喜好、物產資源、風俗習慣與需求欲望等面向有密切關係，至於發展出的面貌與細緻度，則充分反映民族性。

比如土地廣闊的美國除了紐約以外，幾乎沒有鐵路，造就汽車工業的發達（但美國人不重視工藝精神，所以創造不出德國汽車的境界）。而法國的文化藝術興盛，源自民族性裡的細膩美感與不受壓抑的天性，因此他們有聞名全球的葡萄酒，也擁有不少百年歷史的香水與優格（YOGURT）品牌，那是因為他們注重生活與感官享受。

①製作花紋茶筒更加費工。（開化堂提供）
②社長八木隆裕的著作。

日本的傳統工藝產業面貌豐富多元，業者為數不少，開化堂（KAIKADO）是在這個領域深具代表性的一家老舖，採訪時社長八木隆裕剛好到海外出差，由其父親會長八木聖二為我介紹茶筒的世界，還獲贈一本社長撰寫的書，拜讀之後，讓我更了解這家老舖的發展過程。

守護優良茶筒技藝，開拓海內外市場

開化堂的前身是明治八年（西元一八七五年）由山本清輔創立，名稱來自文明開化之意。最初從英國進口白鐵製造茶筒，開啟這項傳承一百多年商品的濫觴。他離開之後，一九三五年由手藝好的職人八木音吉接下這項事業。一九四三年第三代八木彥次郎身處二戰時期，收到政府發出的回收金屬命令，為了守護製造茶筒技藝，毅然把工具埋在地下。一九六七年第四代八木正一，處於戰後經濟高度成長時代，除了繼續製作茶筒，也致力於把茶筒賣到整個西日本。

對比於市面上開始出現便宜茶筒，開化堂手工製作的茶筒品質優良，博得很好的評價，還成為獻給天皇的逸品，不過後來機械製造的茶筒愈來愈多，連帶也讓開化堂的生意競爭激烈。一九九四年第五代八木聖二面對日益困難的局面，把生意集中在有較多訂單的茶屋上，但隨著泡沫經濟時期來臨，大家送禮的需求大減，他甚至考慮收掉開化堂，力勸兒子隆裕去其他企業上班。

①明治初期創業當時的茶筒。　②白鐵為製造茶筒的原料之一。
③製作茶筒材質有銅、白鐵、真鍮三種。

因此一九九七年，隆裕自京都產業大學英美語系畢業後，進入免稅店DFS任職，後來也因此得以在免稅店試著販賣開化堂茶筒。結果出現一個重大轉機，他發現對海外觀光客來說，自家茶筒被當作「好東西」而購買，因而認知到海外市場的可能性，於是說服父親，於二〇〇〇年返回開化堂任職，一直打拚到現在，而後在二〇一七年升任第六代社長。開化堂能夠開展老舖格局，呈現愈來愈國際化的面貌，可以說是來自他的眼界與努力。

以茶筒爲主角的多元商品陣容

開化堂的明星商品，是深具工藝代表價值的手工製茶筒，所用材質共包含銅、白鐵、真鍮（黃銅）三種，每年生產七八千個。價格方面從容量最小四十公克、一百公克、兩百公克，售價從一萬七千多日圓到兩萬多日圓不等。比較大型的四百公克茶筒，有平型和長型兩種，價格分別是兩萬兩千和兩萬四千兩百日圓。也有刻上花紋與雙層的茶筒，價格自然比一般素面單層來得貴。

還有攜帶用三十至四十公克的小茶筒，售價約兩萬五千多日圓、可堆疊型六十公克與一百公克的茶筒，售價都在兩萬日圓上下。至於直徑較大的廣口型一百公克至五百公克茶筒，價格從兩萬五千多日圓到三

①最大茶筒與一般尺寸茶筒的對比。 ②可隨身攜帶的小茶筒。
③內蓋上裝飾如茶壺、樹葉，相當精緻。

萬五千多日圓不等。最貴的是以木盒盛裝的二入茶筒禮盒，價格高達四萬兩千多日圓，讓人充分感受到開化堂把茶筒發展到極致的用心。深感日本人的民族性就是處女座的完美主義，非要如此精益求精、追求極致，才覺得徹底痛快，放眼日本很多產業，其實都有類似軌跡可循。

④附湯匙的咖啡罐。
（開化堂提供）
⑤選購茶筒禮盒當贈禮。
（開化堂提供）

開化堂除了堅守主業茶筒外，為了配合時代趨勢與消費者需求，也彈性調整產品線，以增添商品的多樣性，陸續製作了咖啡罐、通心麵罐、甜點罐、堅果罐、茶壺、餐盤、小花瓶等，商品陣容愈來愈多元，如今已多達上百種，還保持每年創造一兩種新商品的步調，不但豐富了老舖面貌，也開發出不一樣的客群。

這裡介紹幾樣比較特別的商品，像附湯匙的咖啡罐，依容量不同（一百到三百公克）價格從三萬四千多日圓到三萬六千多日圓不等；附湯匙奶精罐兩百公克兩萬六千多日圓。通心麵罐（一至一公斤半）價格分別是三萬四千多日圓與三萬五千多日圓。三層甜點罐六萬六千日圓至九萬多日圓、牛奶壺六萬六千日圓、水壺七萬七千日圓、茶壺九萬三千五百日圓、小圓盤與中圓盤分別是五萬五千和六萬六千日圓（以上所有商品價格皆為日本當地定價），每種商品都很耐看且實用，可根據個人需要與預算選購。

開化堂茶筒蘊含日本傳統美學，主顧客以四十與五十世代為主，百分之八十是女性，一年到頭都有客人上門，沒有一般零售業常見的淡旺季，也有不少來自海外的觀光客會買回去使用或送禮。除了總店，全國有不少茶舖與生活用品店都販賣其商品。

仔細欣賞開化堂的茶筒，做工非常細緻，至完成需要一百三十道工序，技藝高超、造型洗練，功能與設計兼備，由於具有高度密閉性，放入茶葉可比一般包裝保存更久，不愧是日本第一。

①義大利麵罐很實用。
②茶匙形狀別致。
③多種製作精緻的小盤子。
④甜點罐可裝和洋菓子。（開化堂提供）
⑤試試開化堂的茶壺與奶罐。
⑥圓盤有兩種尺寸。（開化堂提供）
⑦放上花朵糖的五角盤。（開化堂提供）

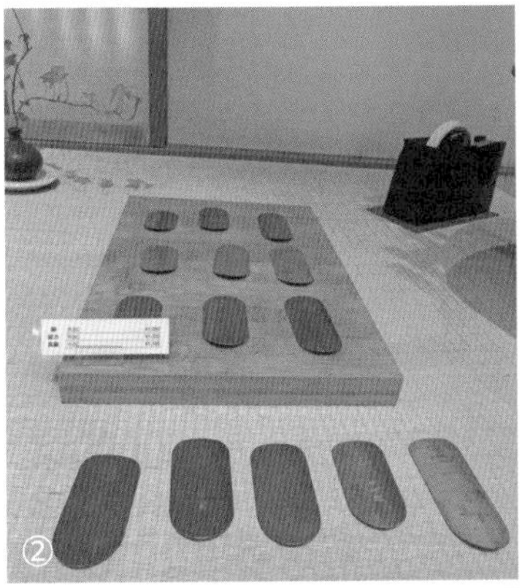

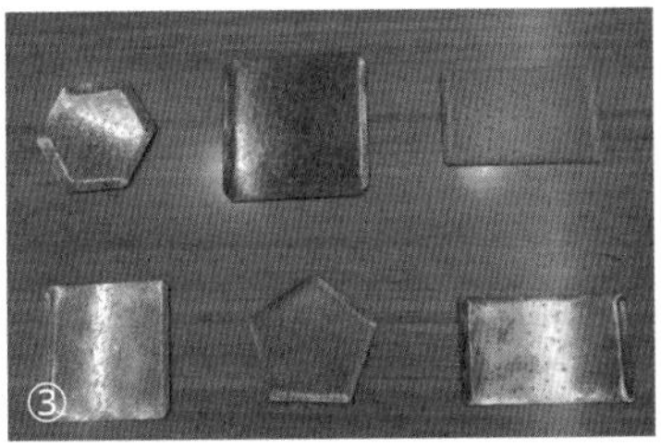

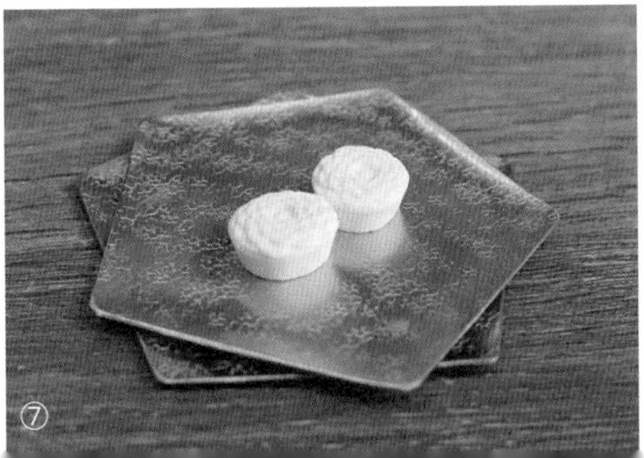

會長說市面上機械製茶筒的價格大概只有開化堂的十分之一，唯有認同開化堂品牌價值的客人才會上門來購買，但用過的人就會感受到它的優點，且非常耐用。講究的人會向開化堂訂做有名字或花紋的茶筒，一個造價二十萬至三十萬日圓，基礎訂製量至少六十個，製作時間需半年以上。另外，雖然開化堂茶筒不易損壞，但老舖仍推出修理服務，費用是商品定價的三分之一。

與海外交流取經擴大格局

二〇〇五年倫敦茶店 POSTCARD TEAS 向開化堂購入茶筒，展開初次的海外生意。二〇〇九年參加於米蘭舉辦的國際家具見本（樣品）市 MILANO SALONE，以及巴黎的室內設計國際見本市 MAISON et OBJET，逐漸打開歐洲的市場知名度。後來包括德國、瑞士、美國、台灣、中國與新加坡等國業者也主動跟開化堂接洽，生意版圖愈來愈大，是日本傳統產業裡少見的國際化品牌。甚至國內的生意也由於海外的高評價，以一種逆輸入的形式反饋，使得業績蒸蒸日上。

其實開化堂進軍海外也不是一路順遂，社長曾經滿懷希望到巴黎商場進行實演，卻踢到鐵板。當時他以為只要強調茶筒由日本職人精巧技藝製造就夠了，認為外國客人會因此產生興趣或憧憬而買單，沒想到老外雖認同這項傳統工藝，卻沒什麼人掏錢購買。後來總算明白，必須抽離自己先入為主的觀念，不能一味以推銷土產品的手法宣傳，要考慮到各國人的生活習慣，融入其中，才能真正打開市場。

開化堂曾與 PANASONIC 合作推出「響筒」無線揚聲器。（開化堂提供）

例如英國人愛喝茶、法國人喜歡喝咖啡，唯有讓生活更充實、符合該國的日常生活習性、使用起來很舒服等方式行銷，才會打動當地人。開化堂一向把往來的各國客戶都當作家人，每增加一國客戶，就像又多了一些家人，如此世界各地都有幫助自己的力量。

如今開化堂茶筒已被倫敦 Victoria&Albert 美術館、巴黎裝飾美術館與丹麥設計博物館收藏作為永久展示品珍藏，這種肯定是至高無上的榮譽，也說明開化堂的高超製作水準。

正由於持續與海外客戶往來，對於眼界的拓展與事業發展都有舉足輕重的影響，與優異的外國公司互動，雖然會帶來壓力，但同時也容易學習到對方的優點而幫助成長。開化堂秉持精益求精的理念，又懂得擷取合作對象的長處，故能創造企業的永續繁榮，同時更豐富老舖的迷人內涵，讓品牌力更加強大。

開化堂的優良品質，也吸引日本其他行業來要求合作，例如他們在二〇一九年與 PANASONIC 合作，推出一款「響筒」無線揚聲器，乍看是茶筒，一掀開盒蓋即響起聲音，一個價格三十幾萬日圓，限量生產一百個，很快就售罄。

開化堂在距離本店不遠處開設 Kaikado Café。（開化堂提供）

開設 Café 讓更多年輕人認識

經過一百多年時代洪流的考驗，開化堂當然清楚鞏固和風傳統之餘，向新時代挑戰的創新應變也同等重要。

一九七四年出生的社長之長女已迎接成人式，讓他開始思考，有必要讓二十與三十歲這個年齡層的消費者更了解傳統工藝。因此二〇一六年開化堂在距離本店不遠處開設 Kaikado Café，把這個雅致空間當作客廳，以對待家人的真誠態度招呼客人。在這裡，除了能看到開化堂商品，也可以享用保存在開化堂茶筒的精選茶葉與咖啡豆所沖泡的飲料，並能品嚐特製的奶油吐司、紅豆吐司與起司蛋糕。不少上門客人本來不知道開化堂，來這裡消費之後，開始親近傳統工藝，有些客人甚至會自動到網路上廣為宣

Kaikado Café 也陳列開化堂茶筒。（開化堂提供）

傳，日積月累竟在年輕族群裡提高不少知名度。

採訪結束後，七十多歲的會長親切地帶領我參觀位於本店後方的職人工坊，目前一共有八位職人，經驗從三至十年不等，另有幾位打工族，至今職人技術多以口頭傳授，還沒有文字化。他們多半是年輕人，每個人的工作神情認真，手藝一把罩，是開化堂的背後功臣。

有趣的是公司採用職人，錄取基準不在於頭腦多麼好、擁有什麼技術，會長說應徵者就算手不靈巧也沒關係，最重要是個性純樸。把職人當作家人般對待的開化堂，也會帶資深職人出國增長見聞，有了這樣與海外客戶直接面對面的機會，即使偶爾對工作不起勁，只要一想到客戶對自家產品的喜愛，立刻就會再燃起用心製作的動力吧！

疫情期間雖然客人無法上門，但他們轉而從網路下單，總結下來，對營收竟沒有什麼影響。提到未來的展望，開化堂表示繼續讓擁有日本傳統技術的職人製作精良的產品流傳於世。以開化堂的卓越經營理念，加上不斷與時俱進的精神，我想這一點絕對毋庸置疑。

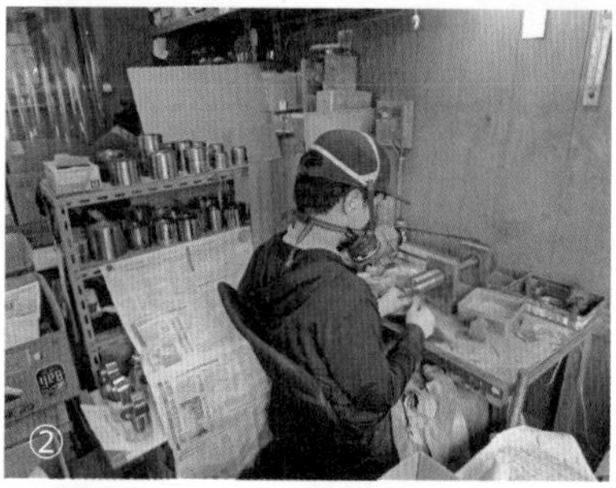

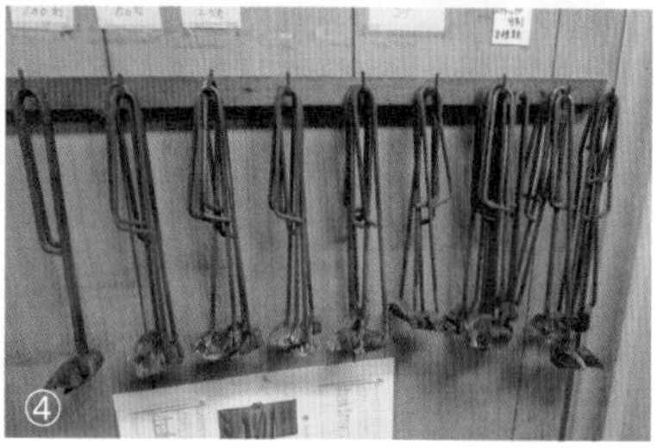

①純手工製作的茶筒，至完成需要一百三十道工序。
②職人認真工作情景。
③開化堂也有女性職人。
④製作茶筒的多種工具。

本店

| 電話 | 075-351-5788
| 地址 | 京都市下京區河原町六条東入梅湊町 84-1
| 時間 | 9:00 ～ 18:00（1/1~3 & 週日假日、每月第一與第四個週一休，夏季不定期休）
| 網址 | https://www.kaikado.jp

公長齋小菅是放眼國際的京都竹工藝品老舖。

32

公長齋小菅

把竹子發揚光大的工藝品專家

竹子是來自大自然的贈禮，成長過程中不需使用農藥，對環境很友善，逐漸成為木材替代品，重要性日益提升。台灣的竹業在一九六〇至一九八〇年代曾經蓬勃發展，不過由於價格低、勞動力不足與生產成本提高，本土竹產業逐漸衰退。

相對地日本民族性細膩又注重美學，而且職人技術優異精進，自古以來就知道把竹子當作高級素材來製成工藝品，放眼國際的公長齋小菅（KOHCHOSAI KOSUGA）就是這個產業中首屈一指的京都老舖。

①竹子是來自大自然的贈禮。
②公長齋小菅得過北美、倫敦與德國多個獎項。
③竹子能創造商品的可能性非常豐富。（本頁照片為公長齋小菅提供）

秉持三創作理念展現竹藝品風華

公長齋小菅於一八九八年在東京日本橋創業。由於職人技術優良，當時主要客戶為宮內廳，也就是訂製給皇族使用，這是至高的榮譽。可惜由於二戰空襲與東京大地震，過去的珍貴資料跟具體成績都沒能留下來。公長齋小菅得過北美聖路易萬國博覽會、倫敦日英博覽會與德國德勒斯登博覽會諸多獎項，顯然很早就跟海外產生淵源。總店於一九四七年遷移到京都，一直發展至今。

公長齋小菅發展的商品項目多元，第五代社長小菅達之強調：「趨勢固然重要，平日更要培養SENSE，相信自身價值觀，才能創造出符合客戶需求、現代生活與購買者會愉快使用的美好商品。」

在創作上，他們秉持三大理念：一、古典與現代的融合：傳統是革新的連續，要不安於傳統，運用精練的技術製作符合現代生活的商品。二、誠實且細緻：首要考慮品質，真心面對竹子，活用素材特性，從頭到尾細心製作。三、日常用品也要美：不只工藝品，所有商品都精心製作，包括身邊的日常生活用品也追求美感。消費者只要對照京都本店的眾多商品，便會覺得所言不虛，令人佩服公長齋小菅徹底執行的毅力。

①竹製杯墊餐墊就算弄髒，也很容易清洗。
②竹製碗、杯與托盤很實用。
③公長齋小菅有三百多種竹製商品。

致力開發功能美感兼備的商品

公長齋小菅的商品全都由竹子製造（一小部分搭配其他素材），眾多竹材中以成長三至四年、每年秋天至翌年二月出產的竹子品質最佳，包括孟宗竹、真竹、桂竹等，產地主要來自九州。

從採竹至乾燥、裁切等前置處理，有專業工坊負責，與公長齋小菅配合往來的主要工坊有五間。商品陣容極為堅強，全部約有三百多種，都美觀且實用。餐具配件方面包括便當盒、酒杯、筷子、盤子、湯匙、叉子、茶匙、夾子、紅酒桶、冰塊筒、調味罐等，讓人看了就很想買來使用。生活用品像收納竹簍、面紙盒，以及可掛在牆上的插花籠、桌上花器等，可以妝點居家生活，帶來輕鬆心情。還有時尚用品，如包包、皮夾、卡夾等，細緻美觀，撫觸使用能從竹子帶來的清涼感得到一種莫名療癒。

公長齋小菅平均每年推出四、五種新商品，也有應景的干支（生肖）吉祥物，冬季會特別以當年生肖設計包裝筷子等，長年最暢銷的商品為筷子、便當盒與餐具。鄭重推薦耐看耐用的便當盒，有橢圓形與長方形兩種款式，後者還分一層與雙層兩種，每種便當盒都用綴有小竹塊的彈性綿帶（有三種顏色）綁住，當作送禮的禮品也非常適合。由於竹子本身有種淡淡清香，感覺盛裝食物會特別好吃。

讓我印象深刻的商品有好幾樣，比如一種日文稱作「鬼OROSHI」的器具，就是廚房必備的蘿蔔刨絲器，造型與做工都十分精緻，令我端詳再三，兩千多日圓的價格也很合理。另有一種葫蘆形狀的托盤，造型古典優美，盤面由細竹編織而成，最適合作為端出茶或咖啡與甜點時使用，價格一萬多日圓。有喝日本清酒習慣的人，可買無蓋壺加二杯的片口酒器組，造型簡約大方，五千多日圓也很便宜。

在京都本店採訪參觀時，非常驚豔於竹製品的可能性竟然如此廣大，竹子本身與生俱來的豐潤感，在職人純熟技術創造下，製作生產的商品不只視覺上充滿美感，功能性也十分完備，這樣美好的竹製品很能代表日本，怪不得西方消費者看了也被吸引。

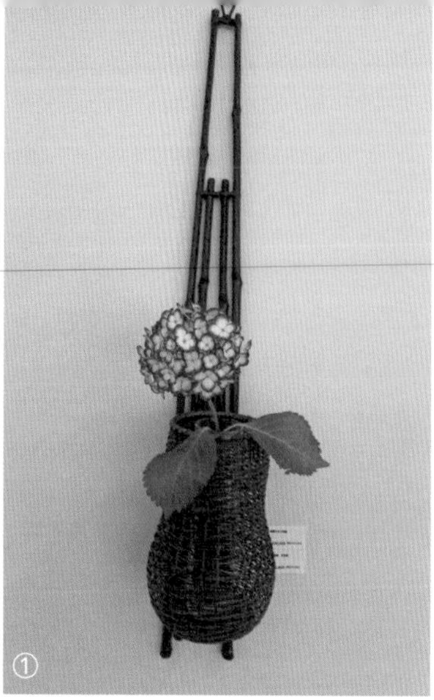

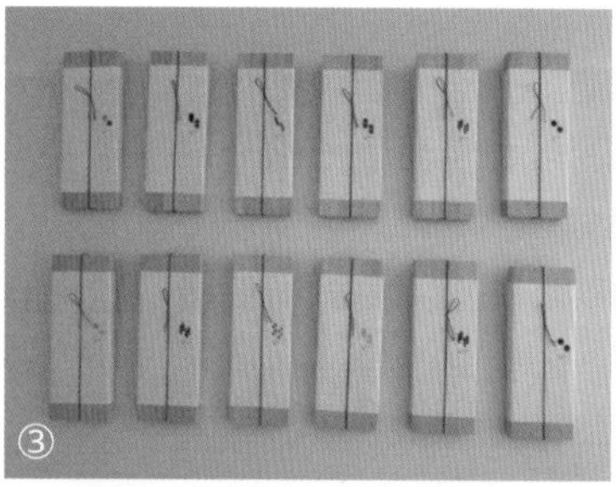

①可懸掛牆上的竹製花器。
②每年會製作應景的生肖吉祥物。（公長齋小菅提供）
③冬季會特別以當年生肖設計包裝筷子。（公長齋小菅提供）
④美麗竹製品很能代表日本傳統。

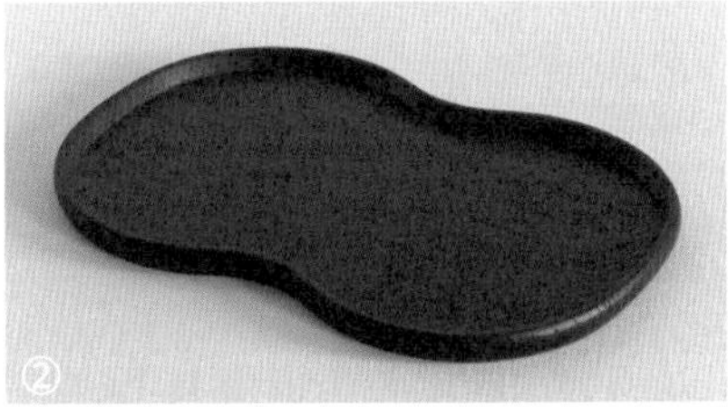

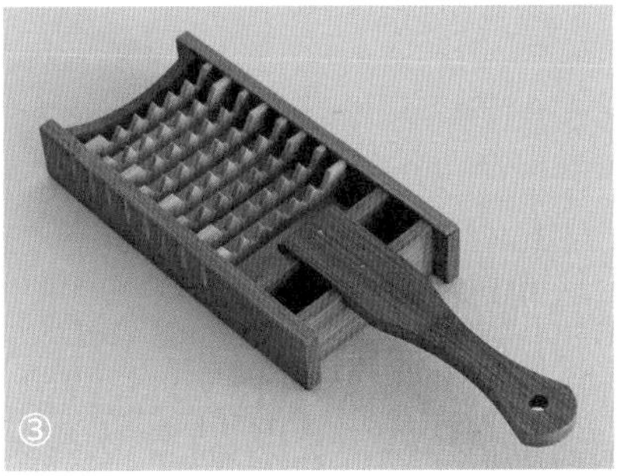

①便當盒有雙層長方形與橢圓形。　②以葫蘆狀托盤端出茶或咖啡與甜點，是京都的美學。
③蘿蔔刨絲器既美觀又實用。　④以竹製酒杯喝清酒，很有格調。（以上照片為公長齋小菅提供）

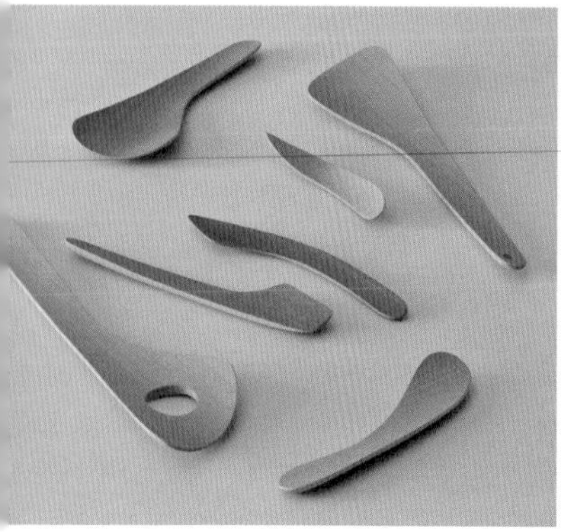

①家具設計師小泉誠設計的「身之丈」系列湯匙。
②與丹麥哥本哈根 OEO STUDIO 合作推出兩種圓盤。（本頁照片為公長齋小菅提供）

異業合作打開品牌格局

由於商品製作精美，公長齋小菅常常被一流雜誌採訪，包括商店建築、家庭畫報、和樂、天然生活、pen、BRUTUS、CASA BRUTUS、&Premium、Discover Japan TRAVEL、FIGARO japon、CREA Traveller、ELLE DÉCOR、25ans Wedding、Domani、with、Hanako、VERY、OZ TRIP、Mart、anan、STORY、eclat 等，都是口碑好的一流雜誌，公長齋小菅堪稱媒體寵兒，可見其被認同的程度，媒體的強大宣傳力對銷售有非常高的助益。

社長的美學素養佳，除了與公司內的設計師一起發想創意，還曾與時尚設計大師三宅一生合作推出一款竹籠包，上端結合染色綿布、提把以竹段點綴串連，造型優美摩登、容量不小，由竹子編織的包體，有深淺兩種顏色選擇。無論穿和服或洋裝都可搭配，由於在製作上做工繁複，需要四至五個月的時間才能完成，一個要價近八萬日圓。很多商品在製作上都很花時間，是職人展現高超技藝的心血結晶。

此外，也曾與家具設計師小泉誠合作推出「身之丈」（minotake）系列湯匙，價格從一千多至二千多日圓，特點是活用竹子天生形狀，設計出的創意造型不像一般湯匙，不只很好握拿，亦具時尚感。他們曾與丹麥哥本哈根（COPENHAGEN）OEO STUDIO 合作推出兩種圓盤，小的直徑二十公

①公長齋小菅為京都 OKURA 飯店岡崎別邸餐廳設計陳列櫃的竹製裝飾。
②與設計大師三宅一生合作推出的竹籠包。（本頁照片為公長齋小菅提供）

分、大的三十公分，價格都在一萬日圓以內，設計深具北歐風格，可直接盛裝料理或當作托盤使用。

公長齋小菅亦曾接受京都 OKURA 飯店岡崎別邸委託，為其餐廳設計陳列櫃的竹製裝飾；為建商積水 HOUSE 製作置於京都高級公寓一樓入口的藝術竹籠。無論主動出擊或接受邀請，藉由與外界合作，使得公長齋小菅的視野與品牌格局不斷蛻變成長，大大有別於日本傳產業者易故步自封的習性，這種特質格外讓人讚賞。

除了京都本店，全日本約還有三百家生活雜貨店與選品店販賣公長齋小菅的商品，顧客以四十與五十世代為主，其中八成是女性。從十年前開始，有來自海外的訂單，包括英、美、法、丹麥、澳洲、台灣、韓國、中國與香港等國，雖是老舖品牌，事業版圖卻很國際化。

進一步追問社長有哪些國際客戶？他表示包含星野、AMAN 與 HYATT 等高級飯店集團，除了採購公長齋小菅既有商品，如筷子、湯匙、盤子與垃圾籠等，也特別訂製不對外販售的獨家商品，來裝潢客房與在餐廳使用，這是公長齋小菅品質優良的最好見證。對於特別訂製生意的最低金額與數量基準，社長表示要看彼此條件是否合適，無法透露細節，有興趣的業者可以自行至官網洽談。

公長齋小菅的商品陣容還會繼續創造增加。

六位傳產老舖後繼者組成GOON

為了連結傳統產業，彼此激勵，公長齋小菅於二〇一二年與細尾西陣織、開化堂茶筒、十六世窯元朝日燒、TSUJII金網器具以及中川木工藝比良工房等五家老舖，一起組成了一個「GOON」（御恩日文）組織，以傳統工藝的素材、技術與製作工程為主軸，從自由開放的觀點，與藝術、設計、科學、科技等不同領域產生連結，開發出專案計畫，探尋傳統工藝的更多可能性，並且透過創造未來的活動，持續思考今後時代的豐富性。

比如GOON曾與Panasonic設計中心合作，成立Kyoto KADEN Lab，一起開發出公長齋小菅的燈具、開化堂的揚聲器、朝日燒的銀釉盤、中川木工藝的水甬木製容器等產品，造型優美且實用。也曾為日產（NISSAN）汽車旗下設計師規劃研修課程，向GOON學習製作產品的想法。

由於這六位成員都是後代繼承人，皆擁有積極向前的精神，一心想讓傳產好好生存的立場與價值觀相同，自然常碰面交流，成為惺惺相惜的知交。不僅曾一起至海外參加展示會，平常也會定期聚會聊天，讓每個成員得到往下走的力量，即使彼此間存在一些競爭意識，偶爾也難免意見不合，但不影響交情，這樣的組織實在很有存在的必要價值。社長表示其實六家老舖在產業性質、職人技藝、生意型態、商品面貌與客戶方面都不太相同，自己學習到最多的是如何看待各種差異。

社長對工作非常投入，能力自然不在話下，卻謙虛表示擁有今天的局面，無非就是專心一意做好本業，成為一百多年老舖是自然的結果，並非原本刻意追求的目的。雖然有兩個兒子，卻一再表明不會強迫他們繼承家業，因為那會扼殺孩子的可能性，希望孩子順著自身的本能性向發展。這樣的慈父性格實在讓人覺得窩心，對於如此優異的老舖，相信老天一定有最好的安排。

①想擁有獨家商品，可找公長齋小菅洽談設計製作。
②竹製香與道具很罕見。

本店

｜電話｜ 075-221-8687
｜地址｜ 京都市中京區中島町 74 THE ROYAL PARK HOTEL 京都三条 1F
｜時間｜ 11:00 ～ 19:00
｜網址｜ https://www.kohchosai.co.jp

33

小刀屋忠兵衛

美輪美奂的頂級京人形園地

始終認為日本會有那麼多美好的傳統工藝，源自於民族性細膩唯美，而很具代表性的人形（NINGYO）也是其中一種。記得大學時代暑假為了學習較道地的日文，曾被爸爸安排去他的日本朋友家寄宿，這位伯伯家裡也有擺設幾個美麗的日本人形。

小刀屋（KOGATANAYA）忠兵衛創立於明曆二年（西元一六五六年），最初是運送人的轎子屋，明治時期曾轉變為和服店，二戰後才變成如今的京人形老舖。商品主題包括娃娃人偶、歷史人物、生肖動物、刀具盔甲與京都最重視的祇園祭轎子等，每個都造型美麗，做工精緻，人形商品從幾百日圓至十幾萬日圓都有，如果是整組商品，甚至有高達近百萬日圓的極品。

日本人形裡最有名的就是雛人形，即穿著平安時代服飾的娃娃人偶，每年三月三日的雛祭（HINAMATSURI），講究的人會在家裡設置一個三至七層的平台，以擺放多個人形，第一層是天皇與皇后，第二層是三位侍女，第三層是五位宮廷樂師。富裕家庭甚至會特別訂製昂貴人形，讓女兒一代代傳下去，但過了這天，人形擺設要趕緊撤下，避免女兒嫁不出去。這個節日除了擺放人形，還要搭配喝日本酒與吃年糕，意義是保佑家中女兒能夠平安健康成長（有兒子者是過五月五日的鯉魚節），在日本諸多節日中這是最動人的兩個節日，洋溢父母濃濃的愛。

小刀屋忠兵衛老舖所在的三条通，是一條熱鬧繁華的街道，充滿京都傳統風情，平常有很多當地居民活動與觀光客流連，下次旅遊京都去到那一帶逛街時，順便看看有無喜歡的人形吧！

本店

‖電話‖ 075-221-6349
‖地址‖ 京都市中京區三条通河原町東入中島町 87
‖時間‖ 11:00 ～ 20:00（週一二休）
‖網址‖ https://www.kogatanaya.com

34

象彥

固守傳統也向世界前進的漆器老舖

提到漆器（英文名就叫做JAPAN），大家都知道是日本的傳統工藝，但其實原本的發源地是中國。看看故宮裡那麼多絕美珍寶，就知道中國人明明工藝天賦很高，古時候就擁有傲視世界的絕佳技藝，卻因文化大革命與民族性等因素而發展停滯，結果被大和民族發揚光大，只能感嘆可惜。日本漆器業者分為品牌與職人工坊兩類，品牌其實也都是委託工坊職人製造，像石川縣輪島塗（WAJIMA NURI）非常有名。品牌以營業額來說，東京上百年的創新高手山田平安堂屬第一；若以歷史來說，京都象彥（ZOHIKO）就是老大哥了！

象彥創立於寬文元年（西元一六六一年），目前社長是第十代西村毅，製造漆器的職人技術高超絕倫，產品美學層次脫俗，商品以傳統餐具（碗盤與料理盒）為主，價格至少一萬多日圓。漆器不像玻璃與陶瓷製品容易摔破，最耐人尋味之處除了上頭的花紋、家徽、動植物等圖案美輪美奐，器物本身還帶著一種溫潤質感，真材實料的漆器日積月累使用，能洗鍊出一種古樸風味，其實是能夠耐久使用的餐具。即使日本人不見得常使用漆器吃飯，但深具日本意象（Image）的漆器屬於國家級工藝產品，永遠不會消失。

象彥除了致力於鞏固傳統，也懂得設計符合時代需求的新產品，把漆器工藝運用到現代生活領域，但不是開發 iPhone 保護殼、名片夾、隨身鏡等商品，而是朝室內設計方向前進，比如從綠葉到楓紅的十種漸層顏色的牆壁面板，在壓克力板上漆，的確讓人眼睛一亮。

深具國際化視野的象彥，曾與法國創意人聯合製作鋼筆、與瑞士公司合作推出手錶商品、跟馬來西亞公司合作鯉魚擺設等，商品都很高雅。也曾於二〇一八年九月在北投文物館舉辦「日本象彥京蒔繪漆器工藝特展」，歷時一年多，我也曾去參觀，充分感受到一間老舖的深厚底蘊。二〇二三年六月還曾到巴黎舉辦凱旋展，三百多年老舖持續向世界邁進。

本店

｜電話｜ 075-229-6625
｜地址｜ 京都市中京區寺町通二条上西側要法寺前町 719-1
｜時間｜ 10:00 ～ 18:00（週二休）
｜網址｜ https://www.zohiko.co.jp

35

高橋提灯

五花八門的紙燈籠專家

台灣雖然每年舉辦燈會，但一直覺得日本人更愛紙燈籠，走在日本的街道上，不時可看到寫著名字的燈籠裝飾，比如寺廟神社、溫泉旅館、商店街與餐館（居酒屋、拉麵店、串燒店、中華料理店、餃子店）的門前，還有祭典、婚喪喜慶與百貨公司櫥窗等場合也常使用到，因此漢字叫「提灯」的產業自然一直蓬勃繁榮，其中高橋提灯（TAKAHASHI CHOCHIN）就是箇中高手。

創立於享保十五年（西元一七三〇年）的高橋提灯，目前傳承到第十三代高橋康二，製作過的紙燈籠有各種大小（八種包含一般的 **24x52** 公分至 **60x124** 公分，以及長寬各近四百公分超大型）、形狀、圖案與顏色，官網上介紹的幾百種範例實在琳瑯滿目。公司文化很有彈性，特色包括使用國產竹子與和紙、完全自行生產、手工製作、手繪圖案、只下訂一個到幾百個都沒問題、能夠配合各縣市地方文化製作符合特色的燈籠，大概兩週即可交貨。

紙燈籠看似構造簡單，但製作蘊含很多學問，比如因應不同大小，撐開燈籠的木製支架就不一樣；不僅採收的竹子需要自然風乾，由於燈籠用到不少黏膠，乾燥作業格外重要，工廠不只通風要好，也需長年開著電風扇；像紅底色的紙燈籠也是職人一筆筆塗上紅漆，並非直接以紅紙製作；燈籠上下的黑框是用木材製作，要多次塗上黑漆才得以完成。像台灣人常去朝聖的東京淺草寺，門口高掛的「雷門」超大燈籠重達七百公斤，正是高橋提灯的傑作，可說沒有難得倒這間老舖的挑戰。

回想我走過的日本足跡，看到不少紙燈籠都是高橋提灯的作品。雖然在一些和風雜貨商店也可買到紙燈籠，不過那些機器製造的商品與高橋提灯的手工製作產品大不相同，這正是傳產工藝的價值所在。

本店

‖電話‖ 075-351-1768

‖地址‖ 京都市下京區柳馬場綾小路下る鹽屋町 44

‖時間‖ 9:00 ～ 17:00（第一、第三個週六 & 週日假日休

‖網址‖ https://chochin.jp

36

宮脇賣扇庵

洋溢傳統美的京扇子舖

京扇子顧名思義發源於京都，往昔庶民之間有投扇子來遊戲的雅興，鎌倉時代由僧侶傳到中國，在那裡扇紙從單面變成雙面，於室町時代再以「唐扇」逆輸入日本，自此確立了和扇的基本形狀，還於江戶時代後期飄洋過海流傳到印度與歐洲。京扇子至今在皇宮行事、茶道、舞蹈、能劇、落語與訂婚結婚儀式時也都會使用到，遠遠超越原本拿來搧涼的功能，象徵日本傳統文化內涵的意義，反而使珍貴的製扇文化一直綿延下來。

創立於文政六年（西元一八二三年）的宮脇賣扇庵（MIYAWAKI BAISENAN），京都傳統町屋建築裡展示著幾百把造型多樣的美麗扇子，主要材料是骨幹的竹子與扇面的和紙，繪製圖案包括人物、花卉、植物、鳥鶴、蟲蝶等主題，輕輕一把卻融合著職人手工的幾十道高超技術，洋溢京都悠久歷史與古典風格。

宮脇賣扇庵低調守護可貴的製扇文化，整間店鋪就像一間小型扇子博物館，自江戶時代起秉持傳統技法製造販賣精美扇子，最有看頭之處是二樓天井上鑲嵌的木板扇子畫，這是一九〇二年由第三代新兵衛邀請代表京都畫壇的鐵齋、栖鳳、直入等四十八位巨匠所精心繪製，客人可瞻仰京美術的真髓。

宮脇賣扇庵除了京都，東京銀座七丁目也設有分店，而且每年在札幌、大阪、名古屋、橫濱等地的高島屋、三越、丸井與西武等百貨公司，也會舉辦京的老舖名品展、京都老舖祭典等活動，持續推廣扇子文化，讓不方便到店裡的各地區客人有機會選購。

台灣人的日常生活裡，雖然較少人使用扇子，但想收藏日本傳統工藝品的人到日本旅遊時，可別忘了前往宮脇賣扇庵，選購輕巧易攜帶的精緻扇子。

本店

‖電話‖ 075-221-0181
‖地址‖ 京都市中京區六角通富小路東入ル大黑町 80-3
‖時間‖ 10:00～18:00（12/29～1/4休，夏季～19:00）
‖網址‖ https://www.baisenan.co.jp

37

箱藤商店

琳瑯滿目的桐木盒收納世界

日本人擅長收納，大至櫥櫃、收納箱，小如紙盒，而木盒也頗常見，其中最常用桐木，因為質輕無味，耐濕隔潮，不易變形腐蝕、產生裂縫，又有電絕緣性。加上桐木紋理筆直，是一種象徵富貴的高檔木材，做出來的盒子特別討喜。

創立於明治二十四年（西元一八九一年）的箱藤（HAKOTOU）商店，原本製造的桐木盒專門盛裝高級物品，包括和服、清水陶瓷、能樂服裝面具與佛具教典等，還自詡為京都傳統產業的名配角。不過隨著時代變遷，自二〇〇〇年開始朝向個人顧客開發製造桐木盒，包含蛋形、長方形、立體正方形、抽屜式等，價格從幾千日圓至四十幾萬日圓。用途包括拿來盛裝茶碗、和菓子、茶葉、鋼筆、手錶、眼鏡、飾品與文具等，還有和服也裝入狹長木盒中，除了防止濕氣保持乾燥，包裝時也能增添物品的價值感。

箱藤商店的桐木盒會繪上美麗圖案，包括花卉、和風象徵物與動物生肖，尤其還設定十二個月的花卉，比如一月梅花、四月櫻花、五月牡丹、八月向日葵與九月大波斯菊等，想買桐木盒的人可挑選自己出生月份。除了既有商品，箱藤商店也接受訂做，希望哪種尺寸、畫上什麼圖案、寫上祝福語句或人名都可以商量。

箱藤商店製造桐木盒的技術精湛，商品耐久實用，是一間風評良好的老舖，下次去京都時，幫自己的收藏品找一個好盒子吧！

本店

｜電話｜ 075-351-0232
｜地址｜京都市下京區堀川通五条下ル柿本町 580-8
｜時間｜ 10:00 ～ 12:00&13:00 ～ 18:00（週日 & 假日休）
｜網址｜ https://www.hakotou.co.jp

38

竹影堂

擅長製作又懂經營的金屬工藝老舖

學生時代常參加美術比賽，也對製作手工藝有些興趣，但自知無法靠此維生，所以一向對手巧的職人很佩服，日本傳統產業所創造的多元豐富世界，始終擄獲我的眼光，對各種產品總是仔細端詳、讚嘆不已。

創立於江戶時代後期的竹影堂（CHIKUEIDOU），以傳統技術製作金屬（含金銀銅等）道具，包括茶壺、酒器、香爐、花瓶、小鍋具、擺飾、飾品與禮品等，項目繁多。由於技術高超、商品造型獨特，不僅曾榮獲皇族賜號「竹影堂榮真」，到法、德展出時，也得到絕佳讚譽，更不用說來自顧客的好評。最吸引我目光的是銀飾品，比如貓項鍊墜、蜻蜓胸針、幾何圖案髮飾等，做工細緻，就算市面上的知名品牌，也不見得有這些款式。

竹影堂除了製作自家風格工藝品，也舉辦彫金（日本金工技法之一）製作的體驗，包括金屬書籤、銅板相框、菓子切刀、銀項鍊與茶具等個人專屬物品，費用從兩千多日圓至一萬多日圓，花個兩、三小時就能夠擁有自己動手做的獨一無二金屬製品，相信過程一定很有意思。竹影堂另外還推出多種服務，比如接受個人或公司行號委託製作紀念品、職人外出進行實際製作演出、學生畢業旅行來工房參觀，以及修復博物館、店舖與個人使用的金屬用品等，價格彼此商量，實在很懂得變化。

竹影堂能夠跳脫職人只埋首創作工藝品的有限視野，多元創造與本業相關的活動與服務，不僅帶來更多收入，也能讓更多人了解金屬工藝製作的世界，顯見經營者的思考靈活，路也就愈走愈寬。

本店

| 電話 | 075-241-2636

| 地址 | 京都市中京區押小路通麩屋町西入橘町 621

| 時間 | 10:00 ～ 18:00（中元、年末、週六日 & 假日休）

| 網址 | https://www.chikueidou.com

輯 4

美好本質

京都人重視本質，
不追求短時間的利益，凡事從細微處著手，
即使平凡簡單如一張和紙、一條手拭巾、一束鮮花、
一雙筷子、一把打掃用的棕刷、一疊榻榻米、一個坐墊，
甚至畫材、雜貨、黑染製品、仕女們日日要用的化妝品，
乃至日本人最愛去的公共澡堂……
這些百年老舖兢兢業業把平凡的事做好，
再把已經用心做好的事，創新去做，
終於在歲月嬗遞中慢慢熬成了專家，
在這些人生贏家身上，
我們看到的是曖曖內含光的美好本質。

摩登女性圖案的手拭巾。

39

永樂屋

將手拭巾發展到極致的一流棉布商

日本傳統文化源遠流長，有不少商品宛如專屬圖標（ICON），象徵著和風意象，手拭巾（日文發音TENUGUI）就是其中之一。也許有人不清楚什麼是手拭巾？這布製品可拿來當作手帕、綁頭巾、擦乾洗好的餐具、洗澡後擦拭身體、當餐館的濕巾、包便當、書本與玻璃瓶酒，甚至裱框掛起來裝飾牆面、鋪在餐桌上、作為緊急綁帶包覆傷口等，用途相當多元。

會知道永樂屋（EIRAKUYA），是幾年前有一次跟一位日本朋友碰面，看她帶著一個小購物袋，當時覺得圖案好別致，而且兩面的圖案還不一樣。經她解釋才知道，原來手巧

①永樂屋名稱典故來自明朝永樂年間永樂通寶錢幣。
②總部美術館內展示具歷史價值的手拭巾。

的她，自行把永樂屋的兩條手拭巾縫在一起。這讓我見識到手拭巾的魅力，並開始關注永樂屋。後來持續觀察這個品牌，才知道它發源於京都，是一間老少咸宜的知名老舖。

遵守十條家訓才活到現在

創立於元和元年（西元一六一五年）的永樂屋，是日本歷史最悠久的棉布商，老舖品牌名稱「永樂」有一個典故。由於明朝永樂年間製造的永樂通寶錢幣，於日本室町時代大量傳入，直到江戶時代初期被當作錢幣而大為流通。第一代創業者曾是織田信長的御用商人，由織田賜予永樂屋商號與細辻姓氏。

在四百多年的歷史長河裡，永樂屋自然遇過一些挫折，但始終沒被打倒。譬如一九五七年至一九六〇年，當時首相岸信介要在京都興建國際會議中心，地點竟然選在永樂屋的舊址。為了京都的整體發展，永樂屋大方讓出做了三百五十年生意的土地，情操讓人感動。

之後在日本脫亞入歐的西化風潮中，永樂屋把生產重心從手拭巾轉移至毛巾，度過一段平穩安泰的日子後，隨著毛巾日益普及，生意愈來愈差，報表上開始呈現赤字。現任第十四代社長細辻伊兵衛，在永樂屋生意衰頹、負債的時候接班。有一天，他無意中在倉庫發現從明治到昭和時期，千種以上圖案的舊手拭巾，社長如獲至寶，

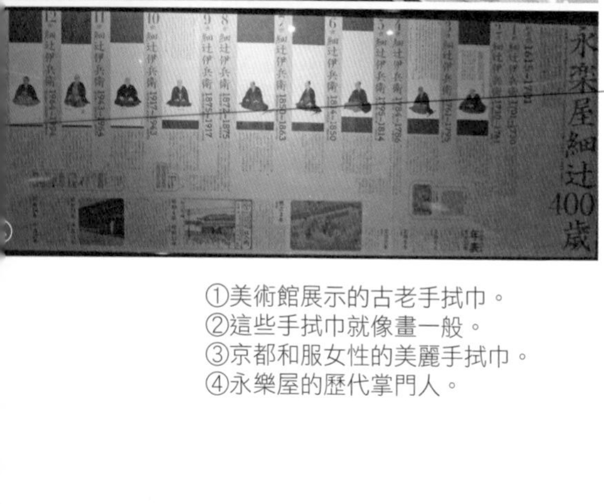

①美術館展示的古老手拭巾。
②這些手拭巾就像畫一般。
③京都和服女性的美麗手拭巾。
④永樂屋的歷代掌門人。

決心把這些具原創性的文化遺產發揚光大，於是出售老宅，重建公司，再生產那些經典圖案的手拭巾。所幸市場反應良好，順利找到再出發的契機。

在受訪過程中，社長強調永樂屋能夠存活至今，是因為遵守家訓。在此當然要來了解一下家訓的內容，社長表示家訓共有十條如下：一家人和睦相處、孝順父母、衣食住上不可奢侈、勿忘四恩（眾生恩、父母恩、國主恩、三寶恩）、遵守五常（仁義禮智信）、理解生命無常、不辭辛苦、注意不生病、遵守世間規矩與積德，這十條家訓能夠做到，才稱得上經商之神。其中社長特別重視積德的重要性，因為它能帶來度過災難的福報。

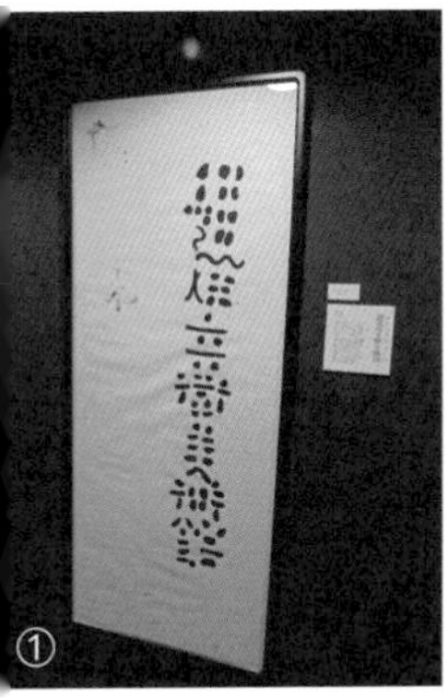

①美術館名稱由藝術家題字。
②美術館展示的古文物與珍貴歷史資料。
③手拭巾的裝置藝術。

極致發展出多元店舖

永樂屋旗下店舖，全部位於京都（疫情前曾在東京車站、羽田機場與晴空塔等地開過幾間分店，但後來關閉，並非生意不好，而是租金高與距離遠導致不易管理員工的關係），包含辦公室的本部建築物約三十年前建造，大門口右側鐵門關閉時，上面有細辻伊兵衛社長的手繪肖像，經常引起路過行人的注意。

為了將手拭巾發揚光大，凸顯出它的藝術價值，永樂屋特別於二〇二二年四月在本部成立細辻伊兵衛美術館，外面懸掛一塊傳統工法製造的銅招牌，金屬色澤會隨著風雨與太陽的自然力量而變化，這種歲月感正是一種刻意的設計。以黑色為基調的一樓，展示江戶、明治、大正、昭和、平成與令和等六個時期的三十條手拭巾，展示品大約每季更換一次，不同時期的圖案融合相異的風格。仔細端詳這些裱框起來的手拭巾，美麗的圖案真像一幅幅畫，吸引人駐足欣賞。一樓同時設有販賣手拭巾的商店，參觀完美術館，不妨到此買幾條回家。

二樓陳列永樂屋的歷史功績資料，包括古錢幣、報紙與海報等。有意思的是，美術館的門票就是一條手拭巾，是社長獨一無二的創

①京都車站八条口分店。　②永樂屋也經營一間小型和服店。

意，在全球美術館裡實屬首創。這條手拭巾的材質是木棉布，一樣以友禪技法染色，除了不製造廢紙，具有紀念價值，還可以拿來使用。

同樣在本部的樂鞄 Ihee，販賣永樂屋自行設計的多款包包，結合布料與皮革，具有自身品牌風格。位於本部五樓的京吳服細辻，展示著永樂屋自行設計的和服，價格從二十萬至六十萬日圓不等，即使款式不多，也充分感受到永樂屋不斷突破的精神。

永樂屋在京都市內另有五間分店，密度頗高，足以看出其人氣。

高級棉布與精緻圖案爲手拭巾最大特色

永樂屋手拭巾最大特色就是製造品質最好的窄版棉布，再以傳統的友禪技法染

①樂鞄 Ihee 店舖販賣的豐富商品。　②黑紅白圖案的手拭巾。　③樂鞄 Ihee 店其他商品。

①富士山與京都大文字圖案的手拭巾。

②把手拭巾裝入紙盒，成為贈禮好選擇。

色，每個顏色都必須有一片版型，多色就有多片版型，需要技術熟練的職人才能染製，創造出與市面上一般手拭巾不同層次的美麗色澤，由於品質優良，不用擔心褪色問題。加上擅長設計嶄新圖案，平均每個月大概推出五種新商品，才能保持新鮮感，吸引客人不斷上門。

手拭巾的圖案風格包含傳統與現代，前者比如春之路、秋之味覺、祇園祭、雪景、富士山、桃太郎、櫻花楓葉、鯉魚、金魚與招財貓等，這些畫面在京都相關商品裡比較常見；後者讓我印象最深刻的就是藝妓運動與生活主題，包括滑雪、打棒球、打桌球、打高爾夫球、騎自行車、搭新幹線、漫步町屋與過聖誕節等，讓人看了忍不住莞爾一笑，深讚如此貼近日常生活的有趣創意。現代化圖案還包括動漫人物、動物、鋼琴鍵盤、芭蕾舞伶與幾何圖形等，相當懂得變化，創意上別出心裁。

永樂屋在推出新圖案的手拭巾上不遺餘力，還與不少企業與名人異業結盟，讓商品散發不同魅力。企業界如迪士尼米老鼠、三麗鷗 KITTY 都曾躍上永樂屋手拭巾，萬年不敗的 IP（智慧財產權角色，Itellectual Property）果然讓人眼睛一亮。名人方面，則請漫畫家杉浦茂畫四格漫畫、得到傳統日本畫大師伊藤若沖相關單位授權，以及讓已逝硬漢演員高倉健與歌舞伎演員成為主角等，這些數量限定的獨特圖案手拭巾一經推出，都造成顧客搶購。

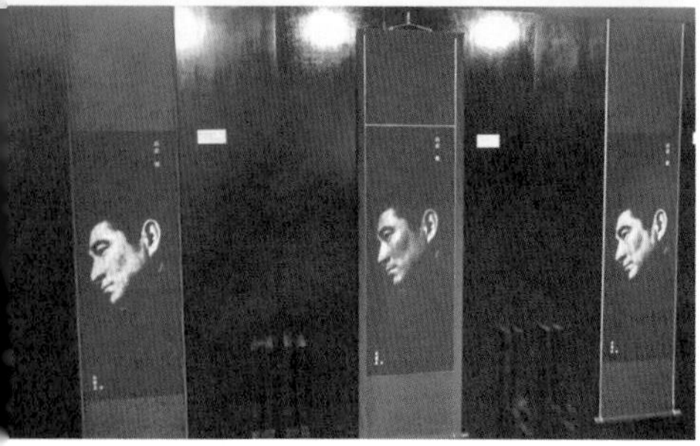

①歌舞伎演員也成為手拭巾主角。
②已逝硬漢演員高倉健躍上手拭巾。
③動漫圖案手拭巾吸引御宅族注意。
④招財貓長年有人氣。
⑤藝妓打桌球？令人莞爾一笑。

即使永樂屋的手拭巾價格比同業高（從最短六十公分一千六百五十日圓、中長九十公分兩千兩百日圓，到最長一百二十公分兩千七百多日圓），照樣吸引常客特地來購買收集。雖然台灣人沒有使用手拭巾的習慣，但永樂屋細緻美麗的商品，非常有收藏價值。

永樂屋的商品不只自古就有的主角手拭巾，還販賣口罩、風呂敷（大布巾）、包包、巾着（小布袋）、圍巾、手帕、扇子等，圖案都具有和諧美感，價格從幾百日圓至上萬日圓，客人從小孩到老人都有，七成是女性。永樂屋商品對日本人來說，是生活的一部分；對造訪京都的海外觀光客來說，則具有日本傳統代表性。

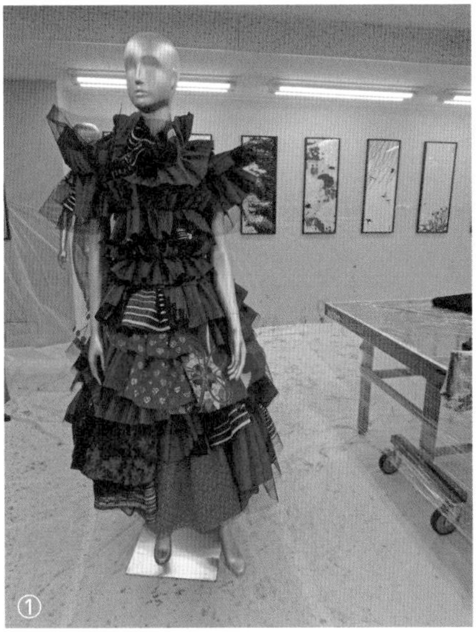

①以手拭巾製作時裝秀作品。　②社長細辻伊兵衛畫像。

※不只賣手拭巾，還要傳達京都魅力

社長細辻伊兵衛其實是入贅女婿，婚前經歷汽車製造公司工程師與服飾業工作，一九九二年進入永樂屋，表現傑出而於一九九九年榮升社長。為了求新求變，創意無限的他隨時都在思索如何讓永樂屋產生新面貌，是品牌不斷革新的靈魂人物，經過多年來努力不懈，已將手拭巾從日常用品提升到藝術品層次。公司內有四位設計師一起發想，包含手繪與電腦設計。二○二三年四月，永樂屋還在美術館內舉辦時尚秀，把手拭巾縫製成衣裙，讓模特兒穿上，像時尚品牌般充滿熱力。

社長熱愛京都，平常不時參與當地活動，私底下還會穿上正式和服或像角色扮演（COSPLAY）的服裝參加京都當地的祭典，展現難得一見的頑皮面向。邁入令和時代後，永樂屋舉辦幾次京都博覽會，邀請各界名人共襄盛舉，包括華（花）道家池坊專好、御所人形師伊東庄五郎、觀世流能樂師片山九郎右衛門、裝束（禮服）司黑田知子、狂言師茂山逸平、京都吉兆料

收銀台旁展示多種語言的「謝謝」。

亭總料理長德岡邦夫、青蓮院門跡執事長東伏見光晉與創意人小山薰堂等，透過舉辦相關活動，一起傳達京都魅力，不僅得到京都府知事與京都市長的讚賞，也讓人深感永樂屋為家鄉盡力的心。

懷抱著未來在紐約與巴黎開設分店夢想的社長，目前已召回在外面企業上班的長子返家，打算好好培養他未來接班永樂屋，相信以社長的認真精神與源源不斷的創意，永樂屋會持續傳達手拭巾的魅力，這塊招牌也會永遠響亮。

細辻伊兵衛美術館 MUSEUM SHOP& 樂鞄 Ihee

| 電話 | 075-256-0077

| 地址 | 京都市中京區室町通三条上ル役行者町 368

| 時間 | 10:00 ～ 19:00 (18:30 前入館)

| 網址 | https://www.eirakuya.jp

紙司柿本店舖設計得很有古都風情。

40

紙司柿本

販賣紙、紙製品與出版書刊的天地

回顧人類使用紙張的歷史，根據中國後漢書記載，宮廷用品長官蔡倫於西元一〇五年，向後漢和帝獻紙，成為眾所皆知的紙祖。而紙最初傳到日本，大約是三世紀時，但開始製造紙，則是以佛教為首的中國文化與技術交流盛行的五、六世紀。至於日本確立自身製紙技術，包括改良紙質，則是在九世紀初。

代表日本的和紙製造於江戶時代迎來成熟期，之後明治時代導入西方的製紙技術、進行機械化，比原本手工製造大幅縮短時間。西元一四五〇年左右，隨著德國發明活版印刷，紙張需求大增，慢工細活的手工和紙，逐漸不符時代需求，在大正時代逐漸衰退，

①人類使用紙的歷史悠久。
②紙司柿本事業以批發紙為主，以利運送的物流中心儲存一千種紙。（紙司柿本提供）

如今和紙在日本的生產量只佔整體市場的百分之〇・三。在這種時代背景下，一百多年歷史的京都紙司柿本（KAMIJI-KAKIMOTO）是如何傳承老舖生意，格外令人好奇。

從竹子買賣進階到經營紙生意

追溯紙司柿本的前身，是創立於享保年間（西元一七一六年）的竹屋長兵衛，原本代代在寺町二条從事竹子買賣，養子柿本金藏覺得町內大家都做一樣的竹生意，既不有趣、也沒什麼獨特智慧，於是在西元一八四五年，下決心轉業開設紙屋，從事批發生意，現在看來實在是一個有先見之明的抉擇。

從只用和紙到後來大量使用洋紙的這一路發展，紙司柿本不斷追求紙的各種可能性，目前傳承到第六代的副社長柿本遼平。紙司柿本致力於思考紙在書寫、包裝、製作與遊玩等不同面向的用途，傳達使用紙張才能擁有溫暖心情的理念。

紙司柿本的事業以批發紙為主，包括從國內十七個縣、共七十五家公司採購美麗細緻的和紙，同時也從海外，如泰國、菲律賓、尼泊爾、不丹、中國進口不同於日本的紙張，販賣種類多達一千種，多元而且豐富。仔

①裁切好的紙。（紙司柿本提供）
②紙工廠工作人員進行紙的裁切作業。（紙司柿本提供）

細端詳店裡販賣的紙張，有些我從來不曾見過，紙司柿本實在可謂標準的紙專家，讓人充分感受其努力建構紙世界的用心。

除了在店裡零售，主要批發到出版社、神社寺廟、文具店、學校、餐飲店與飯店等用紙需求大的行業，與很多產業都有密切的商業往來關係。雖然沒機會參觀物流中心，不過紙司柿本提供了照片，照片中只見面積廣闊的物流中心，分門別類置放來自不同公司的紙張，再依照客戶需求系統分配運送。而大張紙在運送之前，有裁切的必要，需要專業人士花時間完成作業。

京都唯一本店販售商品琳瑯滿目

紙司柿本為了傳達對紙的專業使命，盡可能讓人多親近紙張，在京都寺町地區創設一百多年的唯一零售店舖，於一九七六年擴大更新，並增建展示室，多年來擁有許多常客。二〇二〇年三月店舖遷移至麩屋町，大門口設計得非常雅致，上方懸掛著一大塊米色棉布，以書法字體印上店名，洋溢京都獨有的古典美。

店內商品除了觸目可及的上百種紙之外，也販賣不少和風小物，包括便箋、筆記本、信紙信封、紙盤、色紙、卡片、貼紙等，都帶著雅致的京

①可愛圖案的型染紙。

②彩色紙品陳列起來很美。

③可置放小物的動物造型紙盤。

④紙司柿本販賣不少原創性紙商品。

⑤適合摺紙的多種美麗色紙。

都味，價格從三百多日圓至三千多日圓，無論自己使用或當贈禮都適合。也有一些進口商品，如德國老牌FABER-CASTELL的色鉛筆、蠟筆、削鉛筆器等，都是紙司柿本精挑的選物。

採訪當天，在店裡看到幾位西方與台灣客人，慢逛細賞各類紙品，看來很喜歡的模樣，接著去櫃台結帳，足見紙司柿本的魅力。我從少女時代就很喜歡收集紙製品，包括信紙信封、卡片、書籤、貼紙等，其中以日本製居多。這次來到紙司柿本，採訪結束後也不忘選購，包括立體圖案卡片、十五色和紙組、友禪色紙與和風便條紙等都美不勝收，最後消費了三千多日圓。

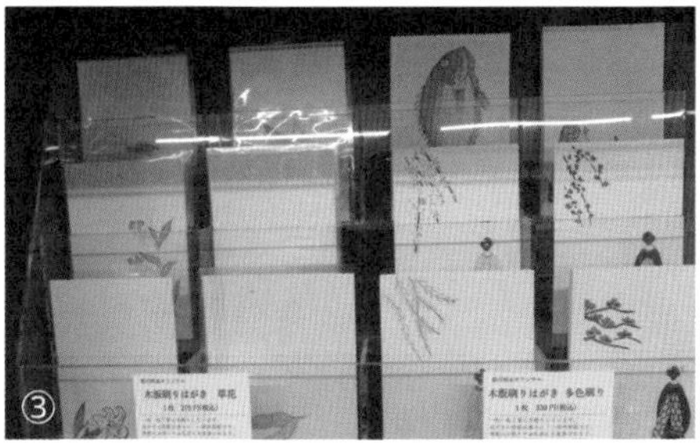

①藝術家作品系列值得收藏。　②藝術家堀江美佳設計的紙燈籠。（紙司柿本提供）
③明信片圖案別致。

與藝術家合作、舉辦比賽與講座

為了創造老舖才有的獨一無二商品，紙司柿本特別尋找具特色的公司與藝術家結盟，比如近來深入合作的是一家叫做 SPICA 模樣店的公司，一起製造文香（放入信封內的紙製小香袋）、書籤、和紙、摺紙與紙盒等，都是值得購買的原創商品。紙司柿本還以 Artist Collection 之名，委託京都製作燈籠的公司小嶋商店，與藝術家堀江美佳聯合設計紙燈籠，白底藍色花紋的造型看來素雅，掛在和室裡格外有京都風情。

值得一提的是紙司柿本企劃協助「言之葉大賞」（言葉是日文的語言），這是一個歌頌美好語彙的藝文比賽，包括內閣府、外務省、文部省、京都府教育委員會、報社、廣播電台、日本郵局、製紙公司等許多單位贊助，二〇二二年主題是「聯繫」（つなぐ），二〇二三年主題是「請求、許願」（ねがい），至今已舉辦十四次，可想而知回響相當不錯。

①每年舉辦的言之葉大賞海報。
②「作文添削」為親子一起參加的付費講座。

紙司柿本還成立「言之葉之會」，舉辦親子一起參加的付費作文添削（即刪改）講座，看到店門口張貼的海報，宗旨除了希望親子能夠一同閱讀、享受與思考，還能夠達到以下三大目標：希望寫作帶來樂趣、自我舒展以及培養傳達語文的能力，也就是著重於原創性、表達力與基礎文法力。

這個講座於二〇二三年舉辦第三次，特別邀請長年任職於教育機關的經驗者授課指導，直接刪改每位參加者的作文，當事人可以馬上明白自己寫的作文哪裡出問題。相較於硬邦邦教條式教導如何寫好作文，這種方式對於增進作文能力應該更有助益吧！課程分為單次兩千八百日圓與一年三次八千日圓，過去兩年共有超過一千人參加，課程顯然頗受歡迎，也讓人看到京都無所不在的文化扎根工作。

行有餘力發展文化出版事業

從事紙生意多年有成，基於擴大紙的各種可能性，紙司柿本於二〇一〇年將觸腳延伸至文化教育出版事業。首先以全國小學、國中、高中與大學為對象，以CONCEPT BOOK之名出版專刊，紙司柿本將其教育理念，請教國語（即日本人的日文）從業人員與採訪相關業界代表的意見再彙整，每年發行一至二冊。我拿起陳列在店裡的幾本專刊翻看了一下，內容強調語言的力量與重要性，是具有學術性的出版物。

紙司柿本於二〇一四年正式成立柿本書房出版書籍，主題以整合公司進行的事業，或對有興趣的事業予以研究後再出版成冊，每年一至三冊，至今一共二十冊，不過出版物營收只佔公司整體業績的一成。

這裡要特別介紹一本二〇一七年出版、已銷售超過三萬冊的手冊《御酒印帳》。日本有非常多酒造，很多紙製酒標都設計得別樹一幟，不少人喜歡收集。為了增加銷路，柿本書房寄發DM、業務拜訪以及找旅行社合作，不只封面刊載眾多酒造標籤，全部名單也清楚記錄在內，這個活動至二〇二四年六月，已有兩百五十二家酒造登錄參與，對喜歡拜訪酒造的人來說，是一本很實用的聖經。

購買手冊後有三種方式能夠得到酒標，包括出示《御酒印帳》，在不同酒造購買各自規定金額的酒；或者出示《御酒印帳》後，付費參觀酒造或用餐，以及直接在酒造購買《御酒印帳》。這本手冊可讓人寫下參觀酒造的心得、適合配酒的料理，並貼上旅行照片等，製作一本自己風格的遊記，讓參觀酒造之旅更有樂趣。

御酒印帳收錄全日本二百多家酒造的酒標。（紙司柿本提供）

御酒印帳使用方式的日文DM。（紙司柿本提供）

店內一角布置得像書房。

本店販賣一些精選書籍，可體會紙司柿本的眼光。

進入數位時代後，不少人的閱讀習慣已向電子書靠攏，用紙寫信的人也愈來愈少，但我還是喜歡撫觸書籍與使用紙製品，那份從指間傳來的溫暖感受，不是冰冷的電子工具能夠給予與取代的，因此我相信紙司柿本的魅力與價值，在未來還是會繼續流傳下去。

本店

- 電話：075-211-3481
- 地址：京都市中京區麩屋町通三条上ル下白山町 310 番地
- 時間：9:30 ～ 17:00（週一 & 假日定休）
- 網址：https://www.kamiji-kakimoto.jp

花政的花藝商品很具有京都獨有的意境。

41

花政
妝點生活的美麗花卉世界

日本社會重視禮儀，人際往來崇尚送禮文化，比如和菓子、高級水果、食材（如和牛）、巧克力等，都是送禮排行榜上的前幾名，而花，也經常是主要選項之一。因為市場上有送花需求，日本街頭的花店非常普遍，因此開花店並不稀奇，但能夠開了一百六十年，就讓人覺得不可思議了。花政（HANAMASA）就是京都知名的花店老舖。

承天庇佑沒遭受二戰空襲

花政創立於文久元年（西元一八六一年），在江戶後期，創業者住家附近有很多花田，他自己就是種植者，也會採收花卉販賣，取

花政是一百多年老舖。

①花政老舖外觀看來平實。
②店內的花卉冷藏室。
③有些女性特別喜愛粉紅色花朵。
④薔薇是長年最受歡迎的花卉。
（花政提供）

名「花政」，是因為他的兒子名字裡有「政」字。店鋪至今一直不曾搬遷，而且二戰時期沒遭受到空襲等災難破壞，實在是承天庇佑的奇蹟，約三十年前改建為如今店舖的模樣。

花政第五代社長藤田修作其實是女婿，夫人綾子是第四代老闆的千金，採訪主要由她回答，為人親切柔軟，思考邏輯清晰，健談社交，是一位做生意的高手，完全感覺不到已七十多歲。

她強調京都人重視本質，不追求短時間的利益，堅守傳統之餘，也要常常學習新觀念。而且綾子夫人年輕時跟桑原專慶流的栗崎昇老師學習，不只擁有良好的華（花）道基礎，連人生觀念也受到影響。

不起眼的小花有時候也會用到。

花藝商品是來自大自然的魅力

花政藏身於熱鬧的河原町巷弄裡，樸素的店面沒有多餘裝飾，內部格局不寬而深長，是京都常見的典型房屋結構。

走入店內，馬上看到一大片儲存多種花卉的冷藏室，是花政最重要的資產。店裡全部的花卉約有一百種，跟三間主要批發商訂購，數量從幾朵昂貴花卉，到幾箱都有。長年最受歡迎的花朵是薔薇（玫瑰是這科中的一種），若以四季暢銷花種來說，春天是櫻花、鬱金香與麝香豌豆；夏天是鐵線蕨；秋天是紅葉植物與菊花；冬天是水仙與椿。花政善用當季花卉，最能夠掌握商品魅力。

花政商品最大的特色就是不追求流行，秉持京都特有的宗教精神性本色，以各種花卉與和風素材，製作出符合客人需求的花束或盆栽。由於獨一無二且雅致耐看，可說擁有一種自身營造的藝術風格，與坊間連鎖花店的制式商品非常不同。

店內的商品種類分為裝在容器（如竹籠）裡的造型款、鉢物（如盆栽）、花束與季節性的花卉商品，全都賞心悅目、優雅耐看，價格從五千多至一萬多日圓。另有活動所需的花藝作品，尺寸較大，價格從五萬至幾百萬日圓不等，像裝飾於庭院或商場中庭的超大型花藝作品，就需要五、六個人，花一兩週時間合力製作才能完成。由於花卉與植物會慢慢枯萎，販賣上不會有一般零售業的庫存，不過花政不將其丟棄，而是做成乾燥花，也可以運用在與鮮花商品的搭配上。

①這種花束風格很京都。（花政提供）
②這類作品叫做花籠。（花政提供）
③蓬萊山用綠與白花。（花政提供）
④有時會用到佛像裝飾物。

①根引松是過年時掛在門外。 ②黃色鬱金香。 ③插在竹桿上的花藝作品很有創意。
（本頁照片為花政提供）

客戶包含花道流派與多種店舖組織

日本花道發源自京都，是以新鮮花卉植物排列組合出具美感裝飾物的一門藝術，也是相當令人玩味的和風美學文化，日本有二十九種流派。例如池坊、小原流、未生流、草月流、香風流、遠洲流、一光流、甲州流等，以及與皇室有關連的御室流與嵯峨御流，這類客戶由於自己插花，只訂購花卉，雖然佔花政整體業績不算太多，但種類比較特殊。

不同於花道流派，花政其他的客戶則需要訂購完成的插花作品，包含料亭餐廳、旅館飯店、茶室菓子屋、神社寺廟、公司行號接待處、百貨公司商場與學校等組織，加起來佔了整體業績的八成，其餘二成為散客，比如婚禮會場裝飾（包含新娘花束）、家庭成員生日與供奉家中佛壇等，共同建構了花政長年源源不絕的綿密生意網。

花政每年製作符合季節性的商品供客人選購，如果客戶指定，三千日圓以上的訂單即可配送（網路訂購的話，必須先付款才出貨），大至上百萬日圓的花卉擺設都會承接，還可以指定某些花種，而整體風格由花政設計。

①舟形花藝很耐看。　②梅之寄植花藝作品有意境。　③這花藝作品叫做 OMOTO。　④ ARRANGE。
（本頁照片為花政提供）

①IRODORI。
②泡在水裡的 KEIAI。
③④稱作 IKEKOMI 的花藝作品。
（本頁照片為花政提供）

京都重視精神情操教育

由於京都重視精神與情操教育，除了百貨公司與購物中心不時舉辦花卉展覽，坊間甚至開設有針對孩童學習的插花教室，而且各級學校都會安排學習傳統技藝課程，花道也是其中之一，各小學都會有花道流派老師前往授課。花政則是在前年與去年春秋兩季，被委託到大學教授過幾次花道。這種美學教育能夠陶冶學生性情，絕對比追求考試得高分，更能提升人的氣質。京都獨特的教育觀念，令我十分佩服，難怪能夠培養出氣質獨具的京都人與京都文化。

為了學習道地日文，大學時代暑假曾到爸爸的日本老友家寄宿，看到京都人的日本伯母即使嫁到東京來，依然持續鑽研年輕時習得的花道技藝，家裡長年擺放她精心插製的不同花藝作品。我曾陪她去花店選購花卉，記得她總是看起來很愉悅，這種美好的精神素養，不自覺也會感染給她周圍的人。

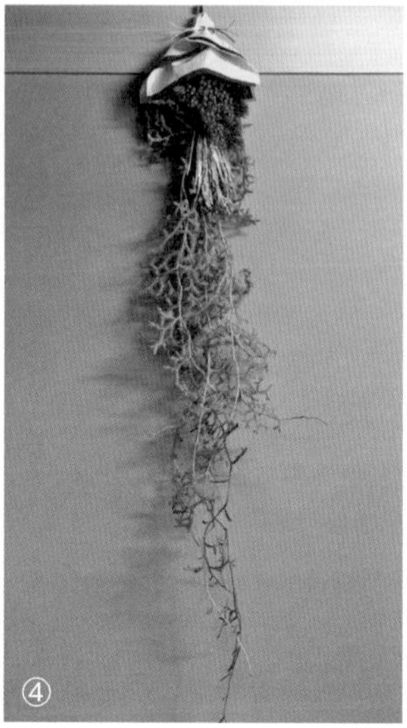

①掛在屋內的餅花垂飾非常特別。　②花 HATAKE 整合很多種花卉。
③這種裝飾物叫做 CHOROKE。　④蓬萊飾。（本頁照片為花政提供）

為了傳達花的魅力、讓人多接觸花、以花裝飾生活與享受不同季節花卉的美，花政從二〇二四年四月起開辦插花教室，由員工傾囊相授，一年共舉辦六次（每兩個月一次）、每次兩小時，課程安排了和風花藝、盆栽、玻璃器插花、蓬萊山、耶誕節花圈、冬日插花，可說集結重點主題，包含花材的上課費用為六萬六千日圓，相信對於推廣花藝文化與獨特技術大有助益。

走過疫情，花政又恢復往日榮景，深愛京都的綾子表示，她希望看到的是整個地區一起繁榮，而不只有花政一家店舖生意好。雖然膝下沒有子嗣，但她相信深受老客戶眷顧的花政，老天自有最好安排。

下次前往京都旅遊時，別忘了順便去花政買一束花朵吧！

這個信樂莢有種古樸美。（本頁照片為花政提供）

作品名小庭，很可愛。

池坊

日本花道起源於京都，歷史最悠久的池坊是各流派之首，可說其五百五十多年歷史，就是花道的歷史。池坊精神認為人與植物都是大自然的一份子，必須不斷適應環境而變化生存。它的內涵融合傳統與創新，其存在激勵著日本花道的發展。

池坊創造的花藝世界包含追求植物和諧美的立花、呈現植物生命力本質的生花與沒有固定形式的自由花三大類，花卉枝葉即使沉靜無語，所傳達的美卻能呼應人內心深處對美的憧憬，成為心靈寄託。

本店

|電話| 075-231-2621

|地址| 京都市中京區河原町三条上ル東入惠比須町 433

|時間| 9:00 ～ 18:00

|網址| https://hanamasa-kyoto.com

42

市原平兵衛商店

工藝品般的筷子專賣老舖

專門店是零售業的一種業態，如果決定開設專門店，要做到難以被取代，就一定得專精。像京都有一家專門販賣筷子的市原平兵衛（ICHIHARAHEIBEI）商店，將筷子製作到工藝境界，讓不時用刀叉吃西式飲食的日本人，緬懷起使用筷子的美好。其實筷子本是三千年前發源於中國的物品，看到充滿人文氣息的市原平兵衛商店將筷子發揚光大，實在讓我們感到汗顏。

創立於明和元年（西元一七六四年）的市原平兵衛商店，販賣四百多種精緻筷子，除了日常用餐使用，也有料亭盛裝食物與茶房進行茶事所需的長筷，材質以竹子居多，其次為木頭，如黑檀、紫檀、杉、桑樹等，筷身有圓與方形，分為原色與有色，而且有些頂端上有裝飾，變化不少，也能夠使用很久。每雙從最便宜不到一千日圓，到最貴一雙近三萬日圓不等，天價等級的筷子採用精挑細選的竹子，並以漆器方式製作，完全就是精緻的工藝品。

市原平兵衛商店除了主角筷子，也製作一些其他商品如湯杓、果子叉、竹製筷盒、友禪布筷袋、筷架、牙籤等，都很精緻且實用。也備有紙盒與桐木盒，方便客人送禮時裝入，就像高級鋼筆一般。可愛的是裝在繪有十二生肖和紙袋的筷子，一雙才四百多日圓，可以買一整套收藏。

雖然市原平兵衛商店只有一家店，但京都很多老舖都抱持著把一件事做到極致的理念，並不追求開設分店或賺很多錢。這些年由於環保概念大為風行，吸引不少想買自己專用筷子的客人，對市原平兵衛商店的生意頗有助益。想欣賞或購買筷子的人，到京都時別忘了來此為自己與親朋好友各買一雙吧！

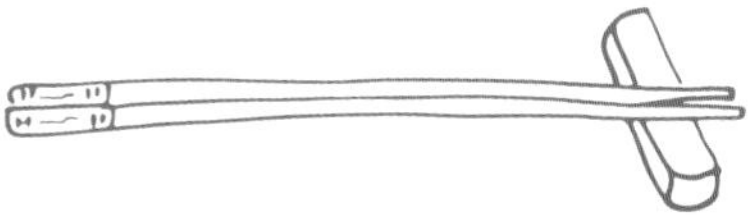

本店

｜電話｜ 075-341-3831

｜地址｜ 京都市下京區小石町 118-1

｜時間｜ 10:00 ～ 18:30（1/1 ～ 3& 不定時休，週日 & 假日 11:00 ～ 18:00）

｜網址｜ https://www.ichiharaheibei.com

43

內藤商店

把棕刷掃帚發揚光大的老店

日本人是非常愛乾淨的民族，聽說有些家庭主婦都趴在地上，以抹布擦拭木質地板，光想像就讓人覺得辛苦，長久下來膝蓋可能產生職業傷害。工欲善其事必先利其器，大和民族由於天性注重細節、凡事要求精準，針對不同用途，製造出的各種清潔工具，已達五花八門境界，在此介紹一家以棕刷掃帚聞名的內藤（NAITO）商店。

創立於文政元年（西元一八一八年）的內藤商店，產品原料是和歌山棕櫚，這種植物纖維帶著一種清香，由職人以傳統古法手工製作。商品包括掃帚、圓形棕刷、木柄刷三大類，但每類細分甚至有幾十種，像棕刷與掃帚各有幾種尺寸，就看要刷洗的範圍（鍋碗瓢盆、桌面與地上等）大小來選擇。

比如內藤商店的人氣長銷商品是一款長柄掃帚，價格約一萬日圓，由於材質彈性佳，不僅可以把地上掃得很乾淨，而且經久耐用，絕對不是一般化學纖維掃帚可比擬。除了一般家庭，日本不少神社寺廟與庭園建築，也都是內藤商店的常客，還曾參加京都博覽會，掃帚可以製作到這種工藝品程度，實在是功力帶來的榮耀。

無論時代如何變遷進步，很多事情還是必須回歸原點，掃地機器人難以清掃角落，雙手還是萬能的。只能用極為專業來形容內藤商店，充滿質樸美的這間老舖是一種與世無爭的存在，就算不買，也值得讓人仔細端詳商品的精緻，最後內心被打動，會忍不住挑一兩種體積最小的商品帶回家使用。

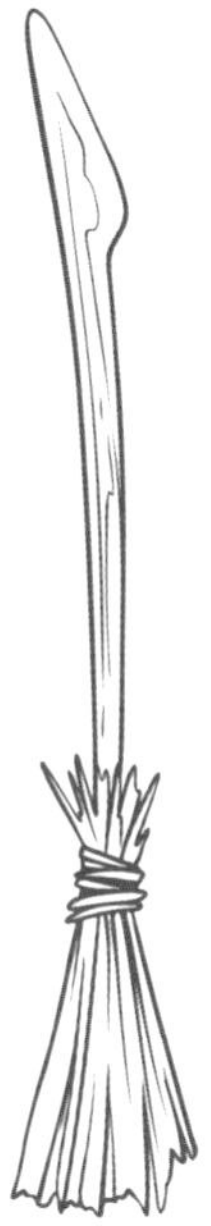

本店

｜電話｜ 075-221-3018

｜地址｜ 京都市中京區中島町 112

｜時間｜ 9:30 ～ 19:00（1/1、1/2、1/3 休息）

｜網址｜ https://www.instagram.com/naitosyouten1818.syuro/

44

馬場染工業

黑得有深度的京黑染老廠

日本的紡織業很發達，和服與洋裝布料能夠美麗典雅，都來自優異的染色技術，但日本婚禮與喪禮的女性和服都是黑（底）色，這種把白布染成黑色的黑紋付染技術，據說在十七世紀初江戶時代已確立，後來明治時期受到歐洲染色技術影響而更為精進，是相當具有特色的一門學問，而且以京都最有名，馬場染工業（BANBA SENKOGYO）就是京黑染的代表性老舖。

創立於明治三年（西元一八七〇年）的馬場染工業，秉持購買者會愉悅使用、擁有者會感到得意、產品會成為人與人之間產生關連的話題契機、不用強調也能讓自身打扮突出等理念來染製商品。由於京都的水質富含鐵，剛好適合拿來做黑染，馬場染工業從創業時即往地下挖掘一百公尺汲取，同時也能作為飲用水，水源至今不曾乾枯，實在是得天獨厚。

黑染作業步驟繁複，染色要在高溫九十幾度進行，其實是一項辛苦差事，不過馬場染工業的黑染技術精湛，以黑得有深度自豪，長年得到京都傳統產業的支持。店家承接業務很靈活，如果客人自行帶來衣服、包包、餐具、木製品與塑膠製品等，即使只有一樣，只要同意費用（從一千日圓至上萬日圓），也都能夠印製馬場染工業準備的三百六十六種花紋，或者其他原創插圖、符號，讓個人物品變得獨一無二。

馬場染工業為了推廣黑染，特別成立體驗工房，參加者可以從五千種家徽裡選出喜歡的圖案，體驗黑染運用在T恤、小包與毛巾的技藝，同時擁有自己獨有的物品。對黑染技藝有興趣的人，下次去京都時，可以考慮參加馬場染工業的工房體驗看看。

本店

｜電話｜ 075-221-4759
｜地址｜ 京都市中京區西洞院通三条下ル柳水町 75 番地
｜時間｜ 9:00 ～ 17:00
｜網址｜ https://www.black-silk.com

45

福井德製疊店

技術信譽並重的人氣榻榻米老店

和室是日本傳統文化裡深具特色的建築形式，享受和室風情也是溫泉旅館吸引人的元素之一。不少日本人租房喜歡挑選有和室的屋子，有些台灣人家裡房間會特別設計一間和室，那絕對少不了要舖設榻榻米，福井德製疊店（FUKUITOKUSEIJYOTEN）就是製作榻榻米的知名京都老舖。

福井德製疊店創立於明治三年（西元一八七〇年），由於榻榻米製作技術一流、品質優良、待客親切，因此信譽良好，而且受惠於附近有寺廟、茶室、旅館與町家，一直擁有穩定的生意。一塊榻榻米叫一疊，重達三十五公斤，一般尺寸大約是長一百八十公分、寬九十公分、厚五公分（不同區域可能有些許不同）。福井德製疊店榻榻米從最高級的特等，往下還分一等、二等、三等與四等（後三者再分為A、B、C），價格依新製作、更換表面、翻面等而不同。以新製作來說，特等是熊本產的材質，一疊六萬多日圓；一等三萬多日圓、二等三等兩萬多日圓、四等一萬多日圓，只要懂得維持清潔，可以使用很久。

榻榻米的材料為藺草，植物本身帶有的清香可舒緩人心，還能調節溫度與濕度，具有冬暖夏涼的功能，而且可以吸收噪音、材質具有彈性防止跌倒時受傷。家裡有和室的話，除了帶來溫馨雅致氣氛，還可當作休憩、孩童遊玩或收納空間（放置換季衣物與棉被）等。不過必須定時擦拭，以免縫隙堆積灰塵或長出蝨蟎，而且對於老人與關節退化者來說，起身時會比較吃力（無床沿可扶），如果想為家裡安置榻榻米，要考慮清楚優缺點。

即使日本人生活再如何現代化，相信喜愛榻榻米的人會一直存在，福井德製疊店是不愁未來的。

本店

‖電話‖ 075-221-5759

‖地址‖京都市中京區高倉通姉小路上る龜甲屋町 607

‖時間‖ 8:30 ～ 18:00（無休）

‖網址‖ http://tatami-fukui.com/company.html

46

木村櫻士堂

目不暇給的和風雜貨天堂

細膩唯美的日本人向來很懂得製造生活情趣，而各類雜貨就是妝點日常生活的要角，雜貨分為和風與歐美風兩大領域，和風雜貨獨特的優雅風情，始終吸引日本人與海外人士，我也不例外。每次去日本出差或旅遊，總要抽空選購幾樣來療癒心情，而木村櫻士堂（KIMURA OHSIDO）正是京都的和風雜貨老舖。

創立於明治二十年（西元一八八七年）的木村櫻士堂，和風雜貨以人形最知名，人形包括傳統和服仕女、雛祭人形、木芥子（KOKESHI，一種源於日本東北的木製人偶）、舞妓陶瓷、僧侶與七福神等不同類別，依照預算與喜好挑選。另外還販賣招財貓擺飾、紙扇、陶瓷杯碗茶器、筷子、布製錢包、手帕、隨身鏡、梳子、鑰匙圈、手機吊飾、書籤、貼紙與護手膏等，每類商品都有許多選擇，實在琳瑯滿目。

木村櫻士堂不只銷售，也自行企劃商品，會找職人與大學藝術科系合作，推出具有原創性的獨家商品，這正是老舖與眾不同之處。在通路方面，木村櫻士堂除了自家販賣，也批發商品到全國很多禮品店與飯店販賣部，還出口至歐美零售業者，生意相當興隆。

在京都採訪期間，也順道去木村櫻士堂逛一下，店內擺滿的商品大概有千種以上，簡直是一座雜貨天堂，價格從幾百日圓至幾萬日圓，喜歡收集和風雜貨的人一定能滿載而歸。

本店

｜電話｜ 075-541-7321
｜地址｜京都市東山區清水一丁目 263
｜時間｜ 9:00 ～ 18:00（無休）
｜網址｜ https://www.kimura-ohshido.co.jp

47

彩雲堂

低調但極致的日本畫材老舖

由於小學至高中時代，我常代表班上參加美術比賽，後來明白自己無法靠此謀生之後，還是會眷戀繪畫這件事，因此閒暇不時看畫展，對於吸引自己的優秀畫家與畫具店也會關注。我非常欣賞已故畫家陳進女士的膠彩畫，它是以動植物提煉的膠質混合天然礦物研磨粉末繪製的一種日本畫，色澤柔和典雅，構圖耐人尋味，而彩雲堂（SAIUNDO）即為京都的知名日本畫材老舖。

創立於明治初期的彩雲堂，確切年份不可考，但第四代老闆知道至少有一百三十年歷史，員工就在店內後方製作畫材。像繪製日本畫所需的天然礦粉，以顏色深淺來分至少就有三百種，一般人乍看覺得顏色差不多，但對彩雲堂這樣的專家來說，差之毫釐失之千里。

彩雲堂除了顏料，還販賣畫筆、刷具、紙、漿糊、膠與一些繪畫相關工具等，對喜歡畫日本畫的人來說，是一處能夠尋寶的天堂。客人除了專業畫家與愛繪畫業餘人士以外，由於京都有很多傳統產業如和服、陶瓷器、扇子、佛像與雕刻工藝等，多種職人在工作上也都需要作畫，彩雲堂製造的顏料與畫筆能夠滿足要求嚴謹的他們，足以看出其高度專業性。

藝術貴在原創性、人類的精神與美感，常覺得才華愈出眾的藝術家愈內斂。彩雲堂連官網也沒架設，同樣非常低調，不過它與京都的傳統文化密不可分，這是要介紹的主因。

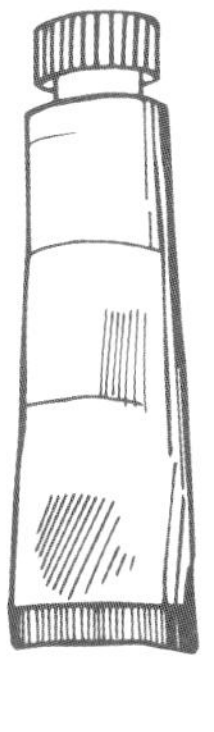

本店

‖電話‖ 075-221-2464

‖地址‖ 京都市中京區姉大東町 552

‖時間‖ 9:30 ～ 18:00（週三休）

‖網址‖ https://www.saiundoo.com

48

よーじや

不斷進化的美妝保養品高手

即使不知道よーじや（YOJIYA）這個品牌，相信不少台灣女性都對其商標LOGO有印象，一個映在圓鏡裡的和風女子臉龐，立即聯想到是女性商品（當然現在注重保養的男性也愈來愈多），陣容包括皮膚、身體、頭髮、手部與香氛五大類美妝保養品，後來也推出一些雜貨，是深受歡迎的京都品牌。我買過洗面乳與護手霜，覺得產品用起來很滋潤舒服，不會有化學添加物之感。

よーじや創立於明治三十七年（西元一九〇四年），前身是開設於京都三条御幸町的國枝商店，從販賣舞台化妝用的紅白粉起家，往昔在藝伎盛行的時代很受當地人喜愛。後來開始生產牙刷，日文漢字的楊枝唸作YOJI，加上屋這個YA字，就成為現在的品牌名稱。一九二一年推出大受歡迎的吸油紙，自此成為よーじや的長銷經典商品。二〇〇三年開設第一間CAFE，讓客人在購買商品之餘，還能放鬆休憩。二〇二三年推出針對臉部的保養品牌su-ha，看得出よーじや始終求新求變、精益求精。

目前よーじや旗下有二十間店鋪，包含兩間 CAFE，郵購業務也已發展三十年。發源地京都共有十間分店，很多觀光客會去祇園本店，但連成田機場與羽田機場都設有分店這一點，可以看出よーじや乃著眼於讓海外與國內其他縣市觀光客方便買回家，實在是精明的生意人。個人最推薦嵯峨野嵐山店，除了商品完整，又有 CAFE，即使距離遠些，但附近風景優美，來一趟會讓五感滿足。

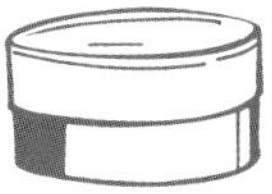

嵯峨野嵐山店

‖電話‖ 075-865-2213
‖地址‖ 京都市右京區嵯峨天龍寺立石町 2
‖時間‖ 10:00 ～ 18:00（無休）
‖網址‖ https://www.yojiyacosme.com

49

長者湯

昭和風的京都人氣澡堂

錢湯（SENTO）即公共澡堂，最早於江戶時期天正十九年（西元一五九一年）出現，是日本歷史悠久的泡湯文化。即使家裡有浴室，有些日本人還是喜歡去錢湯泡澡，順便與鄰居聊聊天，錢湯就像一個社交場所，讓社區居民關係更為緊密，長者湯（CHOJAYU）就是京都上百年的著名錢湯。

創立於大正六年（西元一九一七年）的長者湯，有幾個充滿懷舊風情的特點，除了大門口掛著「湯」字的日文平假名布簾，還有置鞋櫃銀色鎖頭上刻著鶴與龜的圖紋，另外擺入木櫃裡給客人使用的藤編置物籃，是一種叫「柳行李」的職人工藝品，價格三萬日圓，讓人覺得老闆很講究。長者湯於平成十四年（二〇〇二年）被列為京都市歷史的意匠建築物，也曾吸引電影《舞妓哈哈哈》劇組前來取景，可見長者湯在日本相當具有代表性。

日本的錢湯通常繪有壁畫，多半是日本著名觀光景點如富士山、湖泊等，長者湯的男湯磁磚繪有薄雪之金閣（寺），女湯繪有櫻之清水（寺），是為了紀念平安京建都一千二百年。由於附近有酒造，包括長者湯引用的地下水質極佳、水量又豐沛，四公尺高的水塔儲存以柴燒出的熱水。大人洗一次四百五十日圓，日本人習慣在泡完湯之後，喝一瓶冰牛奶，長者湯也有檸檬汁與養樂多。

長者湯現在每週三在店內販賣山區農家栽種的有機農產品，客人洗完澡，可以買些新鮮蔬果回家。長者湯老闆無償如此做，是為了敦親睦鄰、回饋地方，相信這樣善良的人經營的老舖會一直傳承下去。喜歡享受錢湯的人去京都時，可以試試看長者湯，但記得進入澡池前一定要先把身體洗乾淨、長髮者要綁起來與毛巾不能帶入浴池內等規定。

長者湯

｜電話｜ 075-441-1223

｜地址｜京都市上京區須濱東町 450

｜時間｜ 15:10 ～ 24:00（週二休）

｜網址｜ https://x.com/choujayu

50

洛中高岡屋

超專業的坐墊製作達人

日本古代房子是和室型態，生活轉變為現代化之後，住家普遍空間不大，常常連沙發也擺不下，但無論榻榻米與地板，都需要柔軟坐墊（日文漢字為座布團）或靠墊讓身體舒適，而洛中高岡屋（TAKAOKAYA）就是製作各種坐墊的專業老舖。

創立於大正八年（西元一九一九年）的洛中高岡屋，製作坐墊的功力已臻至出神入化境界，款式極為多元，包含多種形狀與大小，比如圓形、三角形、枕形、沙包形、長條形、可舖在地板或長椅上的睡墊形等系列，每類都有不少選擇。而且布料有素色、也有許多雅致圖案，五十幾種花樣是以特殊染色技法製作，深具和風色彩。價格從幾千日圓至四萬多日圓，由於材質佳、手工製作，完全不是大賣場那種機器製造的廉價坐墊可比擬。最吸引我目光的是一款直徑一百公分的煎餅座布團，這種由木棉材質手工製作的圓形大坐墊超級柔軟，嬰兒可以全身躺在上面，一看就覺得非常舒服。

洛中高岡屋除了一般家庭客人，長期訂購的客戶相當多元，包括飯店旅館、料亭餐館、神社寺廟、住宅展示場、樣品屋、養老院、學校、幼兒園等，畢竟人類每天生活都需要柔軟坐墊讓身體更舒適，因此生意有增無減。

洛中高岡屋本社二樓可參觀職人製作身影，三樓店舖陳列著最齊全的商品，現在也製作坐墊以外的商品如門簾、錢包等，購買大批商品的話可託運，樂天與YAHOO網路商店也買得到。而且洛中高岡屋在全國三十多個百貨公司或生活用品商場都設有專櫃，下次去京都不妨選購一個體積最小的帶回家使用。

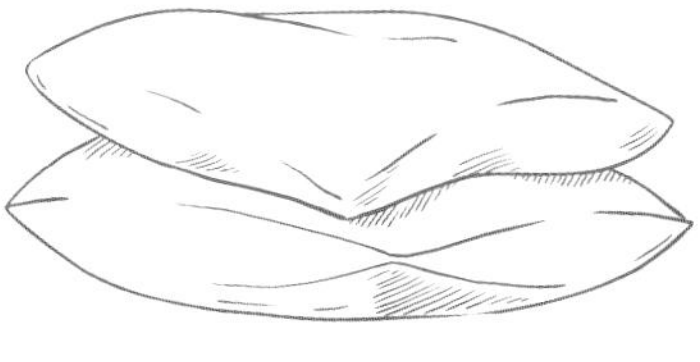

本社

｜電話｜ 075-341-2251

｜地址｜京都市下京區五条通油小路東入ル金東橫町 242

｜時間｜ 9:30 ～ 17:30（週日 & 假日休、週六不定期休）

｜網址｜ https://www.takaoka-kyoto.jp

京都百年老舖

飲玉露、著和服、啖金平糖、賞清水燒……體驗經典 50 家老舖

作　　者　柯珊珊
責任編輯　呂增娣、錢嘉琪
校　　對　柯珊珊、魏秋綢
封面設計　劉旻旻
內頁設計　劉旻旻
副總編輯　呂增娣
總 編 輯　周湘琦

董 事 長　趙政岷
出 版 者　時報文化出版企業股份有限公司
108019 台北市和平西路三段 240 號 2 樓

發 行 專 線　(02)2306-6842
讀者服務專線　0800-231-705 (02)2304-7103
讀者服務傳真　(02)2304-6858
郵　　撥　19344724 時報文化出版公司
信　　箱　10899 臺北華江橋郵局第 99 信箱

時 報 悅 讀 網　http://www.readingtimes.com.tw
電子郵件信箱　books@readingtimes.com.tw
法 律 顧 問　理律法律事務所　陳長文律師、李念祖律師
印　　刷　華展印刷有限公司
初 版 一 刷　2024 年 7 月 19 日
定　　價　新台幣 450 元

京都百年老舖：飲玉露、著和服、啖金平糖、賞清水燒……體驗經典 50 家老舖 / 柯珊珊著. -- 初版. -- 臺北市：時報文化出版企業股份有限公司, 2024.07
面；　公分
ISBN 978-626-396-466-2(平裝)
1.CST: 商店 2.CST: 旅遊 3.CST: 日本京都市
731.75219　　113008627

ISBN 978-626-396-466-2
Printed in Taiwan.

封面商品由鶴屋吉信、綠壽庵清水、玉乃光酒造、公長齋小菅與朝日堂提供照片擷取。